改革开放进程中的经济学家学术自传
张卓元　高培勇　主编

U0890209

洪银兴学术自传

洪银兴◎著

ACADEMIC AUTOBIOGRAPHY OF HONG YINXING

SPM
南方出版传媒
广东经济出版社
·广州·

图书在版编目（CIP）数据

洪银兴学术自传 / 洪银兴著. —广州：广东经济出版社，2020.3
（改革开放进程中的经济学家学术自传）
ISBN 978-7-5454-5527-4

Ⅰ.①洪… Ⅱ.①洪… Ⅲ.①洪银兴－自传 ②经济学－文集 Ⅳ.①K825.31 ②F-53

中国版本图书馆CIP数据核字（2020）第029792号

出 版 人：李　鹏
责任编辑：毛一飞
责任技编：陆俊帆

洪银兴学术自传
HONG YINXING XUESHU ZIZHUAN
洪银兴　著

出版发行	广东经济出版社（广州市环市东路水荫路11号11—12楼）
经销	全国新华书店
印刷	恒美印务（广州）有限公司 （广州市南沙经济技术开发区环市大道南路334号）
开本	787毫米×1092毫米　1/16
印张	11
字数	120千字
版次	2020年3月第1版
印次	2020年3月第1次
书号	ISBN 978-7-5454-5527-4
定价	78.00元

广东经济出版社网址：http://www.gebook.com 微博：http://e.weibo.com/gebook
图书营销中心地址：广州市环市东路水荫路11号11楼
电话:(020)87393830 邮政编码:510075
如发现印装质量问题，影响阅读，请与承印厂联系调换
广东经济出版社常年法律顾问:胡志海律师

《改革开放进程中的经济学家学术自传》丛书

编辑委员会

《改革开放进程中的经济学家学术自传》丛书分册名录

（按姓氏音序排列）

1.《白重恩学术自传》
2.《蔡昉学术自传》
3.《常修泽学术自传》
4.《陈东琪学术自传》
5.《陈锡文学术自传》
6.《迟福林学术自传》
7.《樊纲学术自传》
8.《范恒山学术自传》
9.《房维中学术自传》
10.《高培勇学术自传》
11.《高尚全学术自传》
12.《郭克莎学术自传》
13.《洪银兴学术自传》
14.《黄达学术自传》
15.《黄群慧学术自传》
16.《贾康学术自传》
17.《江小涓学术自传》
18.《金碚学术自传》
19.《李实学术自传》
20.《李晓西学术自传》
21.《厉以宁学术自传》
22.《林兆木学术自传》
23.《刘诗白学术自传》
24.《刘世锦学术自传》
25.《刘树成学术自传》
26.《刘伟学术自传》
27.《马建堂学术自传》
28.《彭森学术自传》
29.《宋晓梧学术自传》
30.《田国强学术自传》
31.《王梦奎学术自传》
32.《王一鸣学术自传》
33.《魏杰学术自传》
34.《魏礼群学术自传》
35.《乌家培学术自传》
36.《吴敬琏学术自传》
37.《杨瑞龙学术自传》
38.《张军学术自传》
39.《张军扩学术自传》
40.《张晓山学术自传》
41.《张燕生学术自传》
42.《张宇燕学术自传》
43.《张卓元学术自传》
44.《赵人伟学术自传》
45.《郑新立学术自传》
46.《周叔莲学术自传》

总　序

Preface

盛世出华章。中国的改革开放是一场波澜壮阔、前无古人的伟大社会变革，也将是世界经济发展史上的瑰丽篇章。中国经济学家在这场伟大变革中，或贡献了智力，或参与了实践，无论是参政建言还是学术构建，均厥功甚伟。

在我们先后迎来改革开放40周年和中华人民共和国成立70周年之际，为了记录并彰显中国经济学家的历史贡献，为中国特色社会主义事业进一步发挥智慧的力量和作用，同时借以勉励后学筑梦前行，我们组织并编辑了这套《改革开放进程中的经济学家学术自传》丛书。

这套丛书的出版设想，最初由广东经济出版社提出。在此之前，得力于中国社会科学院经济研究所张卓元教授等的大力支持，该社曾于2009年编辑出版《影响新中国60年经济建设的100位经济学家》丛书。那套丛书产生了良好的社会反响，也获得了较高的学术评价。弹指一挥间，又是一个十年，共和国迎来了70华诞，改革开放也逾40周年。在这样一个特殊的背景下，广东经济出版社邀请张卓元教授和高培勇教授领衔，由《经济研究》编辑部具体负责，组织、编辑一套集中反映改革开放进程中的经济学家学术探索和心路历程的丛书。

认识到这是一件颇具眼光、很有意义的事情，于是，便有了读者眼前这套《改革开放进程中的经济学家学术自传》丛书编辑出版工作的启动。

中国经济改革与发展的伟大实践，为中国经济学家的成长提供了肥沃的土壤。要从这些灿若繁星的经济学家中推选出大家比较公认的富有影响力的经济学家，并不容易。怎样推选？推选多少？具体标准是什么？如何约稿？丛书的体例又该如何把握？这一系列相关问题接二连三地提至我们面前。

为此，在初步拟订编辑出版方案的基础上，由张卓元教授和高培勇教授主持，邀请部分专家召开了小范围的论证会议，就组建丛书编辑委员会以及丛书编辑出版的一系列相关问题听取意见，进一步完善方案。

紧跟着，2017年6月25日，丛书编辑委员会会议在北京举行。出席会议的委员共有19位（按姓氏音序排列）：白重恩、常修泽、陈东琪、陈锡文、迟福林、高培勇、郭克莎、黄群慧、金碚、李晓西、刘伟、彭森、宋晓梧、田国强、魏礼群、吴敬琏、张军扩、张燕生、张卓元。因故请假、提供书面意见的委员有10位（按姓氏音序排列）：蔡昉、曹远征、贾康、李实、李扬、厉以宁、林毅夫、刘世锦、钱颖一、张军。

这次编辑委员会会议就如下一些重要问题形成了高度共识：

第一，关于丛书的意义。委员们高度认可丛书的编辑出版工作，认为这是一项富有重要历史和现实意义的出版工程。

第二，关于丛书入选者的标准和数量。委员们认为应本着宁缺毋滥、质量为先原则，以对改革开放事业的某个特定领域做出实质性贡献或产生实质性影响的经济学家为重点，入选者宜掌握在60位左右。

第三，关于丛书的体例。基于凸显学术价值和史料价值的考虑，委员们认为学术自传宜涵盖作者的学术成长历程、作者对改革开放事业某个特定领域的研究成果和学术贡献、作者对特定领域改革前景的展望等方面内容。

第四，关于丛书的读者对象。委员们认为应主要面向青年学者以及学生，谈人生经验、述理想情怀，激励广大青年学者和学生确立奋斗的目标、发展的方向和成功的路径。

第五，关于丛书的文风。委员们主张学术自传应具有较强的理论性、学术性，同时文笔流畅、深入浅出，具有一定的可读性。

在经过充分讨论形成的候选经济学家名单基础上，与会委员按照获得半数以上多数票入选的规则，以无记名投票方式表决确定了65位入选者。

会议还决定，请因故请假的委员继续对候选经济学家名单通讯投票，并根据此项流程的统计结果，提请全体编辑委员会委员再进行一次通讯评审，最终确定丛书入选者为68位。

由此产生的《改革开放进程中的经济学家学术自传》丛书入选作者为（按姓氏音序排列）：白重恩、蔡昉、曹远征、常修泽、陈东琪、陈清泰、陈锡文、迟福林、樊纲、范恒山、房维中、高培勇、高尚全、郭克莎、郭树清、韩俊、洪银兴、华生、黄达、黄群慧、贾康、江小涓、金碚、李剑阁、李京文、李实、李晓西、李扬、厉以宁、林毅夫、林兆木、刘国光、刘鹤、刘诗白、刘世锦、刘树成、刘伟、隆国强、楼继伟、马建堂、彭森、钱颖一、宋晓梧、田国强、王梦奎、王一鸣、魏杰、魏礼群、乌家培、吴敬琏、吴晓灵、杨启先、杨瑞龙、易纲、余永定、张军、张军扩、张维迎、张晓山、张燕生、张宇燕、张卓元、赵人伟、郑新立、周其仁、周叔莲、周小川、朱玲。

在确定入选者名单之后，《经济研究》编辑部立即展开了组稿工作，共有46位入选者接受约稿。在这一过程中，入选的经济学家或其家属、秘书、好友等，对我们的工作给予了热情的支持，在百忙之中积极准备所需要的文献，其认真精神令人感动。应该说，没有他们的积极响应和大力支持，这套丛书是难以按时按质完成的。

由于入选的经济学家大多是名人、忙人，有一部分老作者也已年届九十高龄，约稿的工作量及其难度可想而知。一些作者提出暂不能写作，这多少令我们感到些许遗憾。其间也有许多感人的情景要告诉读者们：常修泽先生于2018年夏天在吉林延边的一个小镇闭门两三个月专事自传写作，在整个写作过程中数十次与编辑部和出版社沟通，包括内容完善、结构设计和一些合理性建议等诸多细节，并且在约定期限内交稿给编辑部；九十五岁高龄的黄达教授在写作过程中十余次通过电话或电子邮件与编辑部讨论写作重点和风格；乌家培、林兆木、王梦奎等老先生也是不厌其烦，反复就文字沟通润色；周叔莲先生在去世前一周还给编辑部打电话，告诉编辑自己已经基本完成了书稿的写作，并详细介绍了自己的写作过程和感想，我们至今忆此仍为之动容。在这些难得的沟通中，我们一次次被感动。

随着此套丛书的陆续编辑出版，我们越来越强烈地体会到了这项工作的意义和价值:

入选这套丛书的作者，系改革开放进程中的经济学家，他们的知名度较高，社会影响较大。这套自传体丛书，是对他们的代表性研究成果、学术贡献、成长历程及人格魅力的一个集中展示。对于广大读者特别是青年学子来说，这无疑是一个难得的学习、了解我国经济理论和现实问题的机会。

这些经济学家在各自的学术领域都是佼佼者或领军者，他们学术素养深厚、学术成就卓越。他们在自传中大多以第一人称娓娓道来，讲述了自己的家国情怀与学术成长经历，为记录我国改革开放历程留下了第一手资料。从经济史和思想史的角度看，这应该是非常有史料价值的研究文献。

众多大家的纸上风华，既映射出中国改革开放40多年取得的巨大成就，也是对中国改革与发展经验比较系统的总结。正如习近平总书记所指出的:“从我国改革发展的实践中挖掘新材料、发现新问题、提出新观点、构建新理论，加强对改革开放和社会主义现代化建设实践经验的系统总结，加强对发展社会主义市场经济、民主政治、先进文化、和谐社会、生态文明以及党的执政能力建设等领域的分析研究，加强对党中央治国理政新理念新思想新战略的研究阐释，提炼出有学理性的新理论，概括出有规律性的新实践。这是构建中国特色哲学社会科学的着力点、着重点。”应该说，本套丛书的作者们用生动而精彩的人生与学术追求，践行了这一重要要求。

这套丛书的编辑出版与《经济研究》编辑部各位同仁的努力也是分不开的。他们通过电话、短信和邮件等方式不断地与作者或其家人、秘书等进行沟通。参加组稿和审稿工作的人员有：郑红亮、刘霞辉、张永山、唐寿宁、王利娜、谢谦、金成武、孙三百、陈小亮、欧宏、王红梅、刘莹、曹帅。

广东经济出版社的领导和编辑在本丛书的出版过程中也做了大量的工作，正是有了他们的努力，这套丛书才能得以顺利与读者见面。

特别值得一提的是，这样一套组织工作浩繁的大型丛书，见证了《经济研究》编辑部与广东经济出版社值得称道的团队合作精神。编辑部的张永山、王红梅同志和广东经济出版社的编辑团队从始至终为丛书的组织沟通、约稿、文稿整理付出了大量的心血，他们的耐心和一丝不苟的敬业精神令人称道。

这套丛书就此付梓了，回望中国改革开放的辉煌岁月，携手丛书作者对祖国的拳拳心路与期待，我们略感欣慰！但由于时间仓促，加之我们的水平有限，书中的不足和错误之处在所难免，敬请广大读者批评指正。

《改革开放进程中的经济学家学术自传》丛书编辑委员会

2019年10月

作者简介

洪银兴

1950年出生于江苏省常州市。1987年10月中国人民大学经济系博士研究生毕业，获经济学博士学位。1993年经国务院学位委员会评审获得博士研究生导师资格。中共十七大、十八大代表。现任南京大学文科资深教授、商学院教授、长三角经济社会发展研究中心主任、教育部社会科学委员会副主任委员、中央马克思主义理论研究和建设工程首席专家、全国综合大学《资本论》研究会会长。曾任南京大学党委书记，江苏省委委员，江苏省哲学社会科学界联合会主席，江苏省人大第八、九、十届（1998—2007年）常委会委员。第四、五届国务院学位委员会理论经济学学科评议组成员，教育部高等学校经济学科教学指导委员会副主任委员。1987年获孙冶方经济科学奖，1989年获教育部颁发的霍英东教育基金会高等院校青年教师（研究类）奖，1991年获国务院学位委员会和国家教委授予的“做出突出贡献的中国博士学位获得者”称号，1992年享受政府特殊津贴，1994年获“国家级有突出贡献的中青年专家”称号。2009年被加拿大滑铁卢大学授予名誉法学博士学位。2009年入选《影响新中国60年经济建设的100位经济学家》丛书。2013年被写入《20世纪中国知名科学家学术成就概览（经济学卷）》一书。2017年获吴玉章人文社会科学奖一等奖。

2009年，在加拿大滑铁卢大学被授予名誉法学博士学位

洪银兴学术自传

目录

壹

从事学术研究的历程

一 求学经历

我1950年出生于江苏常州。1968年12月，初中毕业后响应号召，到武进县（现为武进区）新桥乡插队开始知识青年的生活。1970年加入中国共产党，并被推选为所在大队党支部副书记。插队的经历对我后来从事经济学研究产生了深远的影响。亲眼见到、亲身感受到的中国农村的贫困、农民的贫苦、农业的贫瘠，使我在后来的研究中始终怀有一种使命感，高度关注“三农”问题，积极探索改变中国城乡“二元结构”问题。农村生产管理上的一些经历，加深了我对计划经济弊端的认识。比如，有一些农业生产规律性的东西，作为知识青年的我其实并不懂，只是简单地根据上级下达的任务布置生产，结果并不符合农村实际。所谓的“割资本主义尾巴”，不允许农民种植经济作物，这实际上是严重背离了经济规律。这些亲身经历对我后来从事经济研究具有很大的启迪和很强的警示性。

1973年，我进入南京师范大学俄语专业学习。生在那个时代的人，大多有着复杂的求学经历。我非常珍惜这个来之不易的机会，如饥似渴地汲取知识。在临近毕业时，因中苏关系紧张，俄语成为冷门专业，学校同意俄语班的同学选修其他课程。我趁此机会接触到了政治经济学、哲学、党史等政教系课程。当时，讲授政治经济学的李振坤教授刚从“牛棚”里被放出来，她倾注多年积累的教学经验，专门为我们讲授政治经济学。马克思主义政治经济学严谨周密的理论逻辑和极具感染力的思想力量，深深地吸引了我。从此，我踏上了漫漫的求学征程。1976年，我毕业后留在南京师范学院（现南京师范大学）马列室、政教系从事教学科研工作。1978年我参加了江苏省委党校的理论研讨班，用一年时间自学《资本论》，为报考经济学研究生打下了基础。

我真正进入经济学的学术殿堂，应该从1980年进入南京大学经济系攻读政治经济学专业硕士研究生算起。1980年，我考取南京大学经济系的研究生，成为车济炎、王心恒两位老师的学生。伴随着中国经济改革开放和经济发展，我开始了学术研究生涯。在导师的指导下，我选择了经济调节机制作为研究课题，将硕士论文的选题定为《论社会主义商品生产的调节机制》。论文在界定调节机制、市场机制、市场调节等范畴的基础上系统阐述"国家运用经济杠杆调节市场机制，市场机制调节企业活动"的调节机制模式。1982年10月我从南京大学经济系毕业，当时南京大学还没有经济学硕士学位授予权，我到上海社科院答辩并获经济学硕士学位，然

在南京大学接待德国时任总理默克尔

后留在南京大学经济学系工作。

1984年，我考取了中国人民大学经济系，成为卫兴华教授的博士生。卫兴华老师对我的学术成长影响很大，无论我从事何种工作、取得多少成绩，都归功于恩师的指导和教诲。我是卫教授带的第一届博士生，卫教授指导学生非常用心，他提出的培养目标让我非常感动，他说："我不仅要把你们培养成为经济学博士，更要把你们培养成经济学家。"在中国人民大学读博的经历对我的学术研究的影响概括起来有三个方面：一是卫教授治学坚持"三不"原则，即"不唯书，不唯上，不唯风"。这一治学理念对我后来的学术研究产生了很大影响。二是卫教授做学问的逻辑性非常强，无论是著作文章，还是课堂讲授，他的表达都体现出很强的逻辑性。我的文章注重逻辑性的重要原因就是受卫教授的影响。三是建立研究团队。读博期间，我加入了两个研究团队，一个团队由导师卫兴华、同学魏杰和我组成。我们三人当时联名出版的著作有两本，论文有10多篇。如《社会主义经济运行机制》[①]是国内第一本关于经济运行机制的专著，在学术界获得了很高评价；《经济运行机制概论》[②]获中国图书奖一等奖；《论企业活力与企业行为约束》[③]获孙冶方经济科学奖。另一个团队由韩志国、魏杰和我组成。我们三个年轻人当时经常聚在一起讨论改革问题，然后由其中的一人执笔

① 卫兴华、洪银兴、魏杰：《社会主义经济运行机制》，人民出版社，1986年版。
② 卫光华、洪银兴、魏杰：《经济运行机制概论》，人民出版社，1989年版。
③ 卫兴华、洪银兴、魏杰：《论企业活力与企业行为约束》，《学术月刊》1986年第4期。

形成成果。1985—1988年，以这个团队联名发表的论文数居于国内经济学发文量的前列。我认为，在年轻有干劲的时候，如果能够联合起来，形成合力，会有更大的创新力和影响力。关于这段经历对我成长的意义，我经常讲给自己的学生听，并要求他们也培养这种精神。我希望学生们之间只有竞赛，没有竞争。卫兴华教授曾经有过这样的评价："马凯、魏杰和洪银兴都有一个共同的特点，就是来学校之前就有了丰富的工作经历，他们知道学习机会来之不易，所以非常用功，且能理论联系实际。"

1985—1987年我在中国人民大学攻读博士学位期间，正是国家进入改革大潮时期，急需改革理论和对策支撑。我跟上了这个大潮，除了和导师合作研究社会主义经济运行机制外，就改革和宏观调控也发表了多篇有影响的学术论文。我在《经济研究》1985年第5期发表的《论社会主义商品生产的调节机制》获全国中青年经济改革优秀论文奖。1987年撰写的《企业行为和社会主义商品生产的动力机制》获得了中国企业改革和发展优秀论文奖——金三角奖。我的博士论文《经济运行的均衡与非均衡分析》1988年被上海三联书店作为经济学文库的第一本专著出版，受到学术界的广泛关注。

二 治学之路

1987年10月，我从中国人民大学经济系毕业，获得经济学博士学位，回到南京大学工作。20世纪80年代和90年代是中国改革开放最富有激情的时期，我紧紧追随着时代的脉搏，不断进行理论创新。伟大的时代加上自己不懈的努力，使我收获了一些荣誉。

1988年南京大学破格晋升我为教授，使我成为国内经济学界当时最年轻的教授，也是当时“一流大学”中最年轻的经济系主任。1989年第25、26期《瞭望》周刊以《弄潮儿向涛头立》为题介绍了我。1989年我担任南京大学国际商学院副院长，1995年担任南京大学国际商学院院长，1997年担任南京大学副校长。2003年11月，《新华日报》报道：“经中共中央批准，著名经济学家、博士生导师洪银兴教授担任南京大学党委书记（副部长级）。”这一年，我53岁。

从1997年担任南京大学副校长，2003年担任学校党委书记，到2014年卸任，我在学校行政领导岗位上工作了整整17年。无论行政工作多么繁忙，我一直都没有放松学术研究。我从学校领导岗位退下来，回到了自己钟爱的教学科研岗位。我的治学之路可分如下几个阶段：

1. 1987—1994年

1987年10月，我博士研究生毕业到南京大学工作。虽然没有留在中国经济学研究的重镇北京，身在南京的我所研究的课题同样追寻着中国经济发展最前沿领域。发生在东部沿海地区如火如荼的改革发展实践，引起了我强烈的研究兴趣。我努力既在理论研究上“顶天”，又在应用研究上“立地”。在这个阶段，我的研究主要在以下方面展开。

一是继续在博士研究生阶段进行的经济运行机制市场

化研究。对“经济运行机制”的研究及由此形成的“国家调节市场，市场调节企业”的经济调节理论，是我登上经济学殿堂的第一级阶梯。在后来的研究中，从经济运行机制的角度研究政府和市场的关系一直是我攀登经济学研究高峰的道路。1988年论文《经济运行机制的转换：有序和无序》入选中宣部、教育部、中国社科院和中央党校联合召开的纪念十一届三中全会十周年理论研讨会，并获得了该研讨会的优秀论文奖。我是国内较早研究社会主义市场经济的学者之一。早在1992年4月我就在加拿大麦吉尔大学、蒙特利尔大学以《中国走向市场经济之路》为题作讲座。1992年12月29日我在《人民日报》发表的《建立社会主义市场经济体制是一场革命》一文中写道：“公有制同市场经济的结合本身是一场革命，它不仅是对社会主义认识的革命，同时也是牵动现行各种体制的革命。”1993年我又和胡福明等同志合作编写了《社会主义市场经济论》一书，这是国内最早论述社会主义市场经济的论著之一。

二是我与魏杰组织了全国十多所高校刚刚获得经济学博士学位的年轻学者共同编写《社会主义政治经济学》（中国青年出版社，1989年版），试图打破政治经济学教材的各种老框框，力图根据改革开放实践中创新的理论对社会主义经济理论从体系、方法和内容上进行创新。该书出版后在经济理论界产生较大反响。参与编写的作者后来大都成为新一代的经济学家。近年来一些关于我国政治经济学教科书出版历史的文献，大都把该书列入其中。

三是进入经济发展理论研究的新领域。经济发展水平较高的长三角地区所面临的一系列发展问题，吸引我进入经济发展研究领域。我博士毕业后到南京大学主持的第一个课题是“江苏发展外向型经济研究”，我对江苏省发展外向型经济提出了自己的看法。鉴于研究的规范性和接地气的对策和建议，课题成果马上就得到了江苏省委、省政府的支持和认可，我的学术思考和研究报告的应用价值得到了体现。从此，我的大部分研究都跟江苏的经济发展现实问题有关。尤其关注苏南模式及其发展，并对“新苏南模式”进行了总结。我回到南京大学后面向长三角地区尤其是苏南模式的研究，使我的研究接上了“地气”。

《新编社会主义政治经济学教程》

基于对我国处于经济发展前沿的长三角地区发展实践的研究，我将实践研究的成果上升为理论。1990年7月我与林金锭合著《发展经济学通论》一书。我国发展经济学权威谭崇台教授称该书是“将西方发展理论同中国实际结合的第一本著作”。1992年由我主持的国家社会科学基金重大项目“社会主义经济发展中的资金积累和集中”的最终成果形成的专著《发展资金论》在人民出版社出版。1994年8月我在高等教育出版社出版了《市场经济条件下的经济发展》，

1998年该书被评为教育部优秀哲学社会科学成果二等奖。2000年我又在高等教育出版社出版了《发展经济学与中国经济发展》，2004年国务院学位委员会经过严格的评审，将该书列入研究生教学用书。

2. 1994—2001年

1994年1月，我参加教育部组织的青年经济学家考察团到美国考察，先后到哈佛大学、麻省理工学院、斯坦福大学等世界一流大学，拜会了一批世界一流的经济学家。1995—1996年，我以访问教授的身份到新加坡南洋理工大学从事了整整一年的教学和研究工作。1999年中美两国领导人确定中美各派5名（5个学科各1名）杰出学者互访作讲座。我通过了中美双方专家组成的委员会评审，并经两国政府批准作为经济学科的专家以Fulbright（富布赖特）杰出学者的身份应美国国务院邀请于2000年9月访美。先后在哥伦比亚大学、杜克大学、耶鲁大学、霍布金斯大学等著名大学就中国的市场化和中国的经济开放作学术报告。自此，我的学术研究也就进入了面向世界的阶段，经济学知识也得到了更新，回过头来再研究中国的改革和发展也有了更为广阔的视野。最为突出的成果主要有四个：

一是对参与国际分工的战略研究。1997年发表在《经济研究》上的论文《从比较优势到竞争优势——兼论国际贸易的比较利益理论的缺陷》，曾经是CSSCI检索引用率最高的前50篇经济学论文之一。后来我又连续就此问题发表了多篇论文。

二是对可持续发展的研究。1997年我的“乡镇企业发达地区农业的可持续发展系统研究”项目获得国家自然科学基金资助。其成果《可持续发展经济学》（商务印书馆，2000年版）可以说是国内最早研究可持续发展的经济学著作之一，2002年获教育部优秀人文社会科学成果三等奖。

三是对经济增长方式的研究。1999年发表在《经济理论与经济管理》第3期的论文《增长方式和国民经济的可持续发展：东亚的经验和教训》及同年发表在《管理世界》第4期的论文《论经济增长方式转变的基本内涵》，可以说是国内较早研究经济增长方式转变的论文。

四是创办江苏发展高层论坛。1996年在时任南京大学校长曲钦岳的支持下创办南京大学江苏发展研究院，并与时任江苏省委书记陈焕友创办“江苏发展高层论坛”。从1997年1月举行第1期到2017年已有35期，从陈焕友到回良玉、李源潮、梁保华、罗志军、李强，历届省委书记、省长等领导都会出席。江苏省的一些重大发展战略的出台都要先在“江苏发展高层论坛”上进行讨论，然后形成省委的重大决策。该论坛被历届领导誉为省委、省政府的“智库”。

3. 2002—2014年

进入21世纪，中国的改革和发展进入全面推进阶段，我的学术研究也进入了一个新阶段。虽然自2003年担任南京大学党委书记以后的十多年行政工作繁重，但我对学术研究并没有放松。这一阶段的学术研究主要体现在四个方面：

一是继续对经济运行的市场化研究，主要从两个方面进行：一方面是对市场秩序和规范的研究。2002年我承担“建立和规范社会主义统一市场秩序研究”国家社会科学基金重点项目。其最终成果《市场秩序和规范》于2007年由上海世纪出版集团列入《经济学文库》出版，2009年获全国高校人文社会科学优秀成果二等奖。基于对市场秩序和转型经济学的长期研究，2013年党的十八届三中全会做出市场决定资源配置的决定后，我即在《红旗文稿》和《经济研究》发表关于市场决定资源配置和更好发挥政府作用关系的论文。另一方面是对转型经济学的研究。2005年我申报的《转型经济学》被列入教育部“十一五”国家级规划教材，该教材于2008年在高等教育出版社出版，是国内最早的转型经济学教材之一。作为该方向研究的延续，我还关注经济改革的中国模式，经济发展的中国道路研究。2012年，我访问联合国总部，会见联合国秘书长潘基文，在联合国总部做了关于中国经济发展道路的专题演讲。

二是基于对苏南模式的跟踪研究，研究新阶段的城乡、工农关系。2004年，我的“经济转轨中城乡互动、工农互促的协调发展道路问题研究”获得国家社会科学基金重大招标项目（重点）资助。围绕这一课题重点调研苏南地区的城乡关系变迁，并就新苏南模式发表了一系列研究成果。论文《苏南模式的演进和发展中国特色社会主义的成功实践》于2008年12月入选中宣部、教育部、中央党校、中国社科院纪念十一届三中全会30周年理论研讨会。2007年发表在《经济研究》上的《工业和城市反哺农业、农村的路径研究》在学界产生较大影响。著作《反哺农业、农民、农村的路径和机制》（经济科学出版社，2008年版）入选2008年新闻出版总署第二届“三个一百”原创图书出版工程。主持了国家社科基金重大招标课题“东部地区率先基本实现现代化研究”，并且就新型城镇化发表了一系列论文，其中包括《新阶段的城镇化需要政府积极引导》（《人民日报》2013年7月17日），《新阶段的城镇化：目标和路径》（张卓元主编：《十八大后十年的中国经济走向》，广东经济出版社，2013年版），《城郊农村城镇化的有益探索》（《人民日报》2014年1月13日）。

三是研究创新型经济。我于2006年承接了南京市自主创新问题的研究课题。在研究过程中，我意识到发展创新型经济将成为经济发展的新机遇。在2009年7月的江苏发展高层论坛上，我提出江苏转向发展创新型经济的建议。2010年5月18日又在《人民日报》发表《抓住良好机遇 推进自主创新》一文。当年中标了国家社会科学基金重大招标项目“基于自主创新能力增进的产学研合作创新研究”课题，自此我的研究重点转向创新驱动型经济，并就此课题发表了一系列成果，其中包括《创新型经济：经济发展的新阶段》（经济科学出版社，2010年版），《科技创新与创新型经济》（《管理世界》2011年第7期），《科技创新中的企业家及其创新行为》（《中国工业经济》2012年第6期），《论创新驱动经济发展战略》（《经济学家》2013年第1期），《产学研协同创新的经济学分析》（《经济科学》2014年第1期）。最终成果以《产学研协同创新研究》为书名于2015年在人民出版社出版。

四是研究马克思主义经济学及其中国化。我是从学习马克思主义经济学开始进入经济学殿堂的，因此对马克思主义经济学有着特别的感情。对马克思主义经济学中国化的研究是我一生的追求。我先后担任全国高校社会主义经济理论与实践研讨会领导小组组长，全国综合大学《资本论》研究会会长，中央马克思主义研究和建设工程政治经济学教材专家组成员，《资本论导读》教材首席专家。我对马克思主义经济学的研究主要集中在两个方面：一是对马克思主义经济学原著的研究。我认识到研究马克思主义要揭示其现代价值，要为当代经济社会建设服务。按此思路我从1996年起至今（没有间断）亲自给博士生讲授《资本论》课程。以此课程讲义为基础的《〈资本论〉的现代解析》（经济科学出版社，2005年版）出版后在国内产生了较大影响，被列入国家重点图书出版规划，多次再版。二是对马克思主义经济学的创新研究。我早在攻读政治经济学博士研究生期间就与同学一起发表了《实践对经济理论的严重挑战》一文。我和逄锦聚、林岗等教授从2002年起在高等教育出版社出版的《政治经济学》至今已到第五版，获得了国家优秀教学成果一等奖。除此以外，我对马克思主义经济学中国化研究的主要论文有：《社会主义现阶段的政治经济学范式》（《人民日报》2005年1月14日），《马克思主义经济学的创新和马克思主义经济学中国化》（《经济学动态》2007年第7期），《在新的历史起点上发展中国的政治经济学》（《政治经济学评论》2010年第1期），《马克思主义经济学在社会主义初级阶段的时代化和中国化》（《经济学动态》2011年第10期），《马克思主义经济学的时代化》（《人民日报》2012年10月31日）。

4. 2014年至今

2014年，我年满64岁，担任南京大学党委书记已满两届（11年），5月中央同意我卸任南京大学党委书记。我回到了自己钟爱的教学科研岗位，工作室也搬到了商学院大楼。对我来讲可以心无旁骛地进行科学研究，开始了我的学术生命的第二春。这一段时间我的科研成果进入了迸发期。一是承担了多项国家社科基金及中宣部马克思主义理论研究和建设工程项目；二是在国内一流学术期刊发表了多篇有影响力的学术论文；三是出版了多部著作，其中包括主编了由国内改革经济学领域的大家作为分主编的1000万字的《现代经济学大典》；四是在高等教育出版社出版的《经济转型与发展之中国道路》被译成英文在斯普林格出版社出版，2017年获吴玉章人文社会科学奖一等奖。这一时期的研究主要涉及以

在《现代经济学大典》出版发布会上讲话

下方面：

一是中国特色社会主义政治经济学研究。2014年5月，中共中央宣传部部署“马克思主义理论研究和建设工程大众普及读本”编写工作，面向全国招标。我在人民出版社郑海燕主任的帮助下投标并中标，担纲主编《学好用好中国特色社会主义政治经济学》，江苏人民出版社获得出版权，我组织了我国政治经济学领域的著名专家着手编写。2015年中宣部和国家社科基金规划办直接下达由我牵头的“中国特色社会主义政治经济学研究”课题被立项为马克思主义理论研究和建设工程重大项目和国家社科基金重大项目。研究中国特色社会主义政治经济学就成为我在这一时期的研究重点。前一个项目的成果以《学好用好中国特色社会主义政治经济学》为书名，于2017年1月出版，这本书可以说是我国最早出版的少数几本关于中国特色社会主义政治经济学著作之一。后一个项目成果则是在经济科学出版社出版的由我主编的“中国特色社会主义政治经济学研究丛书”，其中有两本，一本是我独著的《中国特色社会主义政治经济学理论体系构建》（该书入选国家社科基金规划办的外译项目），另一本是我和任保平合著的《新常态下中国经济发展理论创新》。在江苏人民出版社还出版了一本由我主编的《中国特色社会主义政治经济学重大理论问题研究》，此书的作者都是国内政治经济学研究领域的名家。在此期间，我在重要刊物上发表的关于中国特色社会主义政治经济学研究的论文包括《中国特色社会主义政治经济学的创新发展》（《红旗文稿》2016年第7期），《以创新的理论构建中国特色社会主义政治经济学的理论体系》（《经济研究》2016年第4期），《〈资本论〉和中国特色社会主义经济学的话语体系》（《经济学家》2016年第1期），《以创新的经济发展理论阐述中国经济发展》（《中国社会科学》2016年第11期），《中国特色社会主义政治经济学对经济发展理论的重大创新》（《求是》2016年第23期），《中国特色社会主义政治经济学的理论渊源》（《人民日报》2017年7月3日），《关于中国特色社会主义政治经济学理论体系建设的几个问题》（《人文杂志》2017年第12期），《构建强起来的社会主义政治经济学》（《人民日报》2018年2月5日）。

二是继续中国经济发展理论的研究。发展经济学一直是我关注的重点，对此我出版了几本关于中国经济发展的著作。我从2010年起发表了多篇关于在新的历史起点上创新中国经济发展理论的论文，其中包括《成为世界经济大国后的创新思维》（《理论视野》2010年第5期），《经济发展现阶段的发展理论创新》（《学术月刊》2011年第4期），《中国的发展经济学需要与时俱进》（《经济学动态》2012年第11期），《发展阶段改变和经济发展理论的创新》（《行政管理改革》2013年第9期）。在此基础上我与孙宁华合著了《中国经济发展：理论 实践 趋势》（南京大学出版社，2015年版）。该书2017年入选国家社科基金规划办外译项目。习近平的新发展理念提出以后，我发表了《新发展理念和中国特色社会主义政治经济学的新发展》（《南京政治学院学报》2017年第12期），《以新发展理念引领经济强国建设》（《人民日报》2017年3月29日）等论文，在此基础上与任保平合著《经济新常态下发展理论创新》（经济科学出版社，2017年版）。在国内产生较大影响的是我在《中国工业经济》2017年第5期发表的论文《进入新阶段后中国经济发展理论的重大创新》。该文从九个方面分析进入新时代后经济发展理论的重大创新。

三是关于现代化研究。中国经济发展的研究离不开对小康和现代化的研究。我对现代化的研究除了在发展经济学著作中关于现代化的部分外，主要开始于2011年主持时任江苏省委书记罗志军领衔的国家社科基金重大招标课题《东部地区率先基本实现现代化研究》，并于2014年出版《区域现代化理论与实践研究》（江苏人民出版社）。2014年承担教育部哲学社会科学研究普及项目——《社会主义现代化读本》，该读本于2014年在江苏人民出版社出版。2015年在《南国学术》第1期发表《未来中国如何“现代化”》。党的十九大提出开启社会主义现代化新征程的目标后，我就现代化问题发表了一系列论文。其中包括《科学认识新时代的现代化》（《经济研究》2017年第11期），《深入探寻现代化建设路径》（《人民日报》2017年12月11日），《创新是新时代现代化的第一动力》（《经济理论与经济管理》2018年第1期），《新时代社会主义现代化的新视角——新型工业化、信息化、城镇化、农业现代化的同步发展》（《南京大学学报》2018年第2期），《新时代的现代化和现代化经济体系》（《南京社会科学》2018年第2期），《推动新时代“四化”同步发展》（《求是》2018年第4期）。

四是关于创新和全球价值链的研究。早在2009年举行的“江苏发展高层论坛”上我就向江苏省委、省政府提出“发展创新型经济”的建议，得到省委、省政府的肯定，并在全省范围推行。我的建议全文以《向创新型经济转型》为题发表在2009年第11期的《南京社会科学》上。紧接着2010年我又中标国家社会科学基金重大招标项目“基于自主创新能力增进的产学研合作创新研究”。从此以后，创新驱动经济发展成为我这一时期的研究重点，发表和出版了一系列关于创新型经济的论著。其中包括著作《创新型经济：经济发展的新阶段》（经济科学出版社，2010年版），《产学研协同创新研究》（人民出版社，2015年版），与安同良、孙宁华合著的《创新经济学》（江苏人民出版社，2017年版）。发表的论文有《论创新驱动经济发展战略》（《经济学家》2013年第1期），《产学研协同创新的经济学分析》（《经济科学》2014年第1期），《产业化创新及其驱动产业结构转向中高端的机制研究》（《经济理论与经济管理》2015年第11期），《再论产业化创新：科技创新和产业创新的衔接》（《经济理论与经济管理》2016年第9期），《科技创新体系的完善与协同发展探讨》（《经济学动态》2016年第2期）。基于我在创新领域的研究成果，2015年我主持的“全球价值链发展变化与我国创新驱动发展战略研究”获批国家社科基金重大项目。根据课题设计，我们研究在经济全球化新背景下全球价值链发展变化的趋势，注重研究我国产业迈向全球价值链中高端的方向和路径，突出研究创新（包括科技、产业创新、商业模式创新）对产业迈向全球价值链中高端的驱动作用。与此课题相关发表的成果包括《在价值链竞争中发挥我国新的比较优势》（《人民日报》2016年3月27日），《科技创新阶段及其科技创新链分析》（《经济学家》2017年第4期），《创新驱动攀升全球价值链中高端》（《经济学家》2017年第12期），《参与全球经济治理：攀升全球价值链中高端》（《南京大学学报》2017年第4期）。

2012年11月8日，参加中共第十八次全国代表大会

五是关于全面深化改革的研究。2013年党的十八届三中全会明确经济改革方向是市场决定资源配置和更好发挥政府作用。这也成为我的研究重点。首先是上海世纪出版集团再版我于2007年出版的《市场秩序和规范》，我在该书的再版前言中阐述了在市场决定资源配置后规范市场秩序的重要性及其途径。接着在《经济研究》2014年第1期发表《论市场对资源配置起决定性作用后的政府作用》，在《红旗文稿》2014年第3期发表《关键是厘清市场与政府作用的边界》，2014年1月29日在《光明日报》发表《市场对资源配

置起决定性作用后政府作用的优化》。围绕改革发表的论文还有《论现阶段的全面深化改革》（《南京大学学报》2015年第4期），《非劳动生产要素参与收入分配的理论辨析》（《经济学家》2015年第4期），《准确认识供给侧结构性改革的目标和任务》（《中国工业经济》2016年第6期）。党的十九大以后，我又完成了两篇改革方面的论文，分别是《兼顾公平与效率的收入分配制度改革40年》（《经济学动态》2018年第4期），《完善产权制度和要素市场化配置机制研究》（《中国工业经济》2018年第6期）。

贰

主要学术贡献

一 社会主义市场经济理论与经济改革研究

1. 经济运行机制研究

早在1980年攻读硕士研究生时，我就将自己的研究方向选定为社会主义商品经济条件下的调节机制。这是我关于经济运行机制研究的正式开端。我的硕士论文《论社会主义商品生产的调节机制》的主要贡献是：在界定调节机制、市场机制、市场调节等范畴的基础上，系统阐述了“国家运用经济杠杆调节市场机制，市场机制调节企业活动”的运行模式。在我国当时还只是在理论上确认有计划商品经济的背景下，这无疑是一次大胆的探索。1985年我在《经济研究》第5期上发表了论文《论社会主义商品生产的调节机制——兼论经济杠杆的类型及其功能》，文中将市场机制定义为“市场机体内的供求、竞争、价格等要素之间的有机联系及其功能”。这个定义后来得到学界广泛认同。

我和导师卫兴华、同学魏杰合著的《社会主义经济运行机制》以马克思主义政治经济学基本原理为指导，从我国的实际情况出发，探讨了社会主义有计划商品经济运行的一系列基本问题，在国内第一次对“经济运行机制”概念作出界定，后来被经济学界广泛采用。该书提出了一些新见解，比如，基于当时社会主义商品经济理论的框架，阐述了社会主义经济制度与商品经济的内在联系，国家宏观调控机制与市场机制的相互作用。社会主义经济运行机制理论的提出，为在更大范围推进市场化改革提供了理论基础。这也是我国学术界较早提出的国家宏观调控下市场机制对资源配置起基础性调节作用的理论观点。

我和导师卫兴华、同学魏杰合作的获得孙冶方经济科学奖的论文《论企业活力与企业行为约束》提出，增强企业活力，就是增强企业自我改造和自我发展的能力，即增强企业作为商品生产者和经营者的活力，这种活力必须纳入社会主义经济的运行轨道。企业作为商品生产者和经营者所具有的活力，应该是与社会主义生产目的及社会主义国民经济的整体运行协调一致的，是和社会主义的社会利益及社会经济效益相统一的。针对企业放开后出现的短期行为的状况，我们提出以市场机制为中介，建立劳动者、企业和国家在经济利益上的制衡机制，实现职工多收入、企业多得利和社会多得益的统一。

1987年获中国企业改革和发展优秀论文奖——金三角奖的论文《企业行为和社会主义商品生产的动力机制》提出，在社会主义商品生产的动力机制中，存在着“职工收入最大化—企业利润最大化—社会得益最大化”之间的制约关系。企业的利润冲动是动力机制的轴心。为解决企业行为趋短化问题，文章提出应从经济机制上寻求三者利益的钳制关系，即利用市场机制，将职工谋求收入最大化的动力引入实现利润最大化的轨道；利用宏观调节机制，将企业谋求利润最大化的动力引入实现社会得益最大化的轨道。提出了通过改革企业动力机制来克服国有企业效率不高问题的思路。

1988年，我的博士论文《经济运行的均衡与非均衡分析》作为上海三联书店经济学文库的第一批专著出版发行，受到学术界广泛关注。该书运用均衡与非均衡分析方法系统分析计划经济和商品经济的关系，揭示市场化条件下的社会主义经济运行机制；借鉴了西方经济学的一些概念和原理，运用现代科学方法，从微观经济、产业结构、宏观经济三个层次对社会主义商品经济运行进行了分析，提出了从非均衡走向均衡的途径，对社会主义经济如何从无序走向有序进行了有益探索。该书认为，在现代商品经济条件下，经济运行有序性的核心内容是实现国民经济的总体均衡，集中表现在总供给与总需求的基本平衡。这种总体均衡的不断形成又经常被经济发展中新的不均衡所打破，一个新的均衡再度产生，这也就是商品经济运行新秩序的形成过程。

关于地方政府行为的研究。1996年我在《经济研究》上发表了《经济体制转轨阶段的地方政府功能》一文，提出市场经济体制的形成存在着明显的地区差距。在市场不完全和不充分的背景下，地方政府发挥着对不完全的计划和不完全的市场的衔接作用。地方政府实际上作为本地区企业的总代表参与市场竞争。强化地方政府的作用，可有效地克服由不完全的计划和不完全的市场配置资源所导致的效率损失问题。2005年我在《经济研究参考》上发表的《苏南模式的新发展和地方政府的转型》一文根据苏南模式发展的实践，对地方政府行为以及政府与市场关系又提出了新的观点：一个地区的市场化水平不能以政府作用的强弱作为标准。强政府和强市场可以协同作用，两者协同的关键是，地方政府在不同发展阶段的作用层次和着力点上保证市场作用得以充分发挥。政府改革的关键问题是政府如何确实把经济管理职能转到为市场主体服务和创造良好的发展环境上来。

2. 市场秩序和规范研究

1988年，我为中央纪念十一届三中全会十周年撰写的《经济运行机制的转换：有序和无序》一文，可以说是国内较早研究经济转型秩序的论文。其主要观点是：由计划经济体制转向市场经济体制，放开是必要的过程。但是单是放开并不能放出社会主义市场经济，必须要有相应的制度建设来替代原有的计划经济体制。经济体制改革的目标是要建立社会主义商品经济新秩序，在这种秩序中，企业、市场、国家都要遵守新的经济运行机制规定的行为规范。微观、产业结构和宏观总量三个层次的经济运行也要遵守新的经济运行机制的调节功能所规定的行为规范。

1990年，我在《经济纵横》第10期发表了《论改革和发展相协调》一文，其中的基本观点是：发展战略的转变是个渐进的过程，体制的转变也是渐进的。改革的战略必须适应经济发展的战略，某项改革措施的效应对某种发展要求可能有利，但对另一些要求可能不利，这就要从发展方面衡量改革的成本和效益。经济体制的各个因素变动的速度可分为"快变量"和"慢变量"。改革可以由"快变量"来带动，改革的进程和速度最终要受"慢变量"的制约。如果"快变量"方面的改革过分超前，"慢变量"方面的改革严重滞后，会使改革欲速而不达，导致宏观秩序的紊乱，其结果便是阻滞经济发展。我在这里用"快变量"与"慢变量"的辩证关系，说明了改革进程中市场秩序的重要性。

2007年，我的国家社会科学基金重点项目课题的最终成果《市场秩序和规范》提出：我国的市场经济不仅需要充分发展，还需要有效驾驭。驾驭市场经济，不是靠哪个人，也不是靠哪个机构，而是靠制度和秩序。我国现阶段出现的各种市场秩序混乱现象的根本原因是经济转型没有到位。市场秩序不能自发形成，需要自觉建设。市场秩序理论有两种范式：一种是竞争范式，相应的市场秩序是充分竞争，让竞争机制充分发挥作用；另一种是制度范式，即形成有秩序的竞争，降低市场交易的成本。根据这两种理论范式，市场秩序建设涉及以下内容：一是市场规则建设。通过人为规则，改变习俗和道德规范，形成自律性的防止市场秩序混乱的自发规则。具体包括保护产权、降低交易成本、保证公平的市场交易、实现社会利益等方面的规则。二是规范市场竞争。市场秩序的混乱既可能来自过度竞争，也可能来自垄断。准确判定要反对的垄断行为和被允许的正常性竞争行为是维持市场秩序的关键。针对我国现阶段行业垄断以行政性垄断为主的特点，反垄断首先要破除垄断所赖以依附的行政基础，放松管制本身就是一种良好的反垄断政策。即使是自然垄断行业在维持垄断的同时也需要引入竞争。三是要建设统一市场。建设统一开放的全国市场，就是要打破市场的行政性垄断和地区封锁，实现商品和各种生产要素在全国范围自由流动，各个市场主体平等地进入各类市场交易。打破市场的地区保护和分割，实际上是改革政府、打破各个地区市场的行政壁垒的过程。统一市场建设的主体是企业，分布在不同地区的同一个供应链上不同环节的企业由竞争关系转向合作关系，是统一市场的强大动力。我国幅员辽阔，统一市场不可能一下子全面形成，统一市场的形成是渐进的、局部推进的。四是形成维持市场秩序的制度合力。其中涉及三大制度环境约束：市场化环境约束、道德规范约束、法制约束。这三个方面制度环境的建设涉及正式的制度安排和非正式的制度安排。正式的制度安排和非正式的制度安排不能偏废，必须相互配合。政府要主导市场秩序建设。政府的公共性职能突出在市场监管方面。市场监管就是维持市场秩序，保障公平交易，保护市场参与者的合法权益，完整的法律体系是维护完整的市场规则的基础。在中介组织充分发挥作用的条件下，中介组织既可能替代政府有效发挥作用，又可能克服市场失灵。道德规范是非正式制度建设。只有当交易者保持诚信时，各种正式的制度安排才能起作用。道德规范建设的意义是使守信用成为自觉的行为。从社会资本角度要求的道德规范，不只是个别人的洁身自好，而是要求整个社会的道德规范。在一个相互信任的社会中，社会资本是最雄厚的，实施合同、规范和维持市场秩序的成本是最低的。市场秩序所做出的各种制度安排是个整体，其中每一种制度安排都有其特定的功能。各种制度安排的功能是互补的，我们需要的是各种治理市场秩序的制度作为整体来发挥作用。

党的十八届三中全会明确将市场对资源配置起基础性作用，改为起决定性作用。围绕这一重大理论问题，基于对市场秩序长期研究的积累，我很快发表了《论市场对资源配置起决定性作用后的政府作用》①一文，从理论上将市场的决定性作用和基础性作用做了比较。市场决定资源配置突出的是市场的自主性，这种自主性不仅表现为市场自主地决定资源配置的方向，同时也表现为市场调节信号即市场价格也是自主地在市场上形成，不受政府的不当干预。政府减少甚至取消审批，市场起决定性作用后，资源配置是否有效，关键在于市场机制是否有序有效地作用。这需要一系列制度安排。就规范市场秩序来说，我国现阶段市场秩序混乱主要来自两个方面：首先是来自政府行为，地方保护主义的市场壁垒阻碍了要素在自由流动中实现有效配置；其次是来自市场垄断，包括横向垄断和纵向垄断两种形式。因此规范市场秩序也要从两方面入手：一是规范政府行为，建设法治化的营商环境，打破城乡市场分割，实行统一的市场准入和市场化退出制度；二是规范市场行为，反垄断行为，建立市场信息披露制度，从社会范围降低信息成本。就完善市场体系来说，现阶段比较突出的任务是两大市场建设：一是金融市场建设，最为重要的是完善金融服务实体经济的机制和功能；二是创新要素市场建设，涉及新技术、创新人才、创新投资，包括技术市场、人才市场和风险投资市场。就培育充满活力的市场主体来说，一是硬化国有企业的预算约束。必须从打破地方政府对企业的保护入手，使企业两只眼睛都盯着市场。二是规范和保护产权。保护市场参与者的合法权益，

① 洪银兴：《论市场对资源配置起决定性作用后的政府作用》，《经济研究》2014年第1期。

从根本上说就是保护其产权。三是建立现代企业制度。主要涉及建立健全归属清晰、权责明确、保护严格、流转顺畅的现代产权制度，健全协调运转、有效制衡的公司法人治理结构，建立职业经理人制度，更好发挥企业家作用。在市场决定资源配置以后，政府如何更好地发挥作用呢？市场对资源配置的决定性作用不能放大到“不要政府作用”，更不能像新自由主义认为的那样不要政府。原因是在现代经济中，政府与市场不完全是相互替代的关系。政府更好发挥作用的重要方面是由资源配置的主体变为资源配置的监管者。与此相应的是，政府在通过自身的改革退出市场作用的领域后，要承担起完善市场机制、建设市场规范的职能。政府和市场是“强政府”与“强市场”协同，不能以为强市场就一定是弱政府，强政府一定是弱市场。政府作用和市场作用不一定都是此消彼长的对立关系。原因就在于，政府和市场不在同一层面发挥作用，政府没有过多干预市场作用的领域。政府强在为市场有效运行创造好环境，如法治、人和的软环境，重要基础设施的硬环境；政府强在自身财力，没有与民争利；政府强在对各级政府的全面小康和基本现代化的指标导引和考核。这种政府的强力推动实际上能支持市场充分发挥作用。特别是政府维持市场秩序需要“强”，对假冒伪劣产品的惩治必须强，对反垄断调查必须强。有了这种强政府，才会有强市场。

3. “互联网+市场”挑战市场经济理论

进入“互联网+”时代后市场经济出现了一系列新业

态、新现象。我先后在《经济纵横》2016年第1期发表论文《互联网+挑战传统的经济学理论》，在《江苏行政学院学报》2018年第3期发表论文《基于完善要素市场化配置的市场监管》，系统阐述“互联网+市场”对传统市场经济理论的挑战。基本观点如下。

“互联网+市场”的技术和经济特征主要表现：一是消费者利用移动终端，即时购买、消费、支付。二是互联网提供市场参与者大众化的开放式平台，为用户提供充分的市场信息和充分的选择机会。三是电商平台、搜索引擎、数字支付系统、电子图书等平台代替实体市场节省交易费用。四是许多实物产品数字化，如音乐、出版、新闻、广告、服务代理、金融服务等，消费者可通过手机等移动终端直接交易和消费这些产品和服务。五是借助互联网建立大数据处理和云计算服务。

“互联网+市场”具有以下颠覆性功能：

首先，“互联网+市场”为市场参与者提供了交易和消费的平台。在互联网平台上，参与者众多，信息充分，选择机会充分。交易双方通过互联网寻找市场，不受时间和空间限制，即时购买、消费、支付。平台匹配买卖双方，交易成本大大降低，商品和服务价格也随之降低。消费者在实体店获得商品的展示和消费体验，在互联网上购买。通过互联网为用户提供个性化的定制服务，“消费者是上帝”也得到真正体现。

其次，“互联网+市场”很大程度上打破了市场信息不完全和不对称的假说。一是保证信息财富的公共性，突出对财富的独占和排他的权利的传统财富观被全新的通过社交网络同他人分享经验的财产观所取代。个人掌握的信息成为公共财富，这就大大降低了市场参与者搜寻信息的成本。二是提供充分而可信的信息，进入微信群（朋友圈）的经过身份验证，以互信为基础。进入微信群的每个人又拥有多个微信群，相互交叉，不仅使人际网络范围无限扩大，还使社交网络的可信度显著提高。获得“互联网+平台”资格论证不只是参与者的一次交易行为，而是多次反复交易的行为。克服了囚徒困境理论所说明的一次性交易难以观察欺骗和失信行为，多人多次反复交易能较为准确地观察到交易者的诚信程度。三是信息传播速度加快，公开程度提高，物流突破了时间和空间的限制，流通速度加快。生产和消费在群内连接，销售不再需要销售人员满天飞。四是提供大数据处理和云计算服务平台，对海量数据进行分布式数据挖掘，大数据的4V特点［Volume（大量）、Velocity（高速）、Variety（多样）、Value（价值）］，其基础是各个参与者都在提供经过分析和处理的数据，独占信息的垄断被大数据打破。由市场信息的不完全产生的信息成本可能被互联网提供的大数据和云计算所抵消。

再次，“互联网+市场”催生互联网金融（互联网金融，即以互联网技术和平台处理金融业务），实现去金融中介，承担大众、小额、便捷的金融服务。可以为买卖和服务活动提供便捷的第三方支付，也可以解决资金融资问题。

最后，“互联网+市场”为市场有效配置资源提供了技术条件。第一，打破市场垄断。例如目前争议较大的专车互联网平台，无论是行政的藩篱，还是已在位的营运出租车的阻力，都无法阻挡专车进入市场营运。第二，挑战现行的行政垄断体制。最明显的是互联网金融挑战金融体制，其最大特点是去金融中介，降低门槛，面向小额金融活动的大众，给大众带来便利。第三，均等配置资源。提供基本公共服务均等化的互联网支持。通过“互联网+教育”“互联网+医疗”使生活在落后地区的人也能享受到优质的教育和医疗。第四，打破进入国际市场的壁垒。阿里巴巴等跨境电商正在形成以中国电商驱动的全球价值链，中国产品可能进入的国际市场更为广阔。

“互联网+市场”是新业态，产生市场秩序混乱的新问题不可避免。“互联网+”的各种市场行为都在互联网平台上，比虚拟经济更虚拟。从线下进入线上，虚拟世界总要进入现实世界。现实市场上存在的假冒伪劣、坑蒙拐骗现象不可避免地会进入“互联网+”，并且以新的形式表现出来。现实中和网购中的假冒伪劣、P2P中的骗贷、电信诈骗、共享单车中的乱象、搜索引擎中的虚假信息，等等，都是新形式的市场秩序混乱问题，需要创新市场监管方式。

针对“互联网+市场”上各种市场秩序混乱的现象，构建“互联网+市场”秩序的问题也就凸显出来了。我国目前的市场监管（包括法治）基本上是针对实体市场的，因此，对这一领域的市场监管和法治建设更为紧迫：一是做好制度建设。要创新对网约车、房屋分享等新业态的监管，规范电商、微商等新消费领域，强化电商平台、社交平台、搜索引擎等领域的法律责任；完善服务标准和规范，建立鼓励发展和有效规范相结合的监管机制。比如：完善对“互联网+平台”的监管体系，建立监管平台；完善“互联网+”的法治建设，克服其法律空缺；参与者的诚信和行为规范建设；信用体系建设，尤其是P2P信用体系。二是加强对消费者个人信息的保护，加大对违法出售、提供、获取消费者个人信息行为的处罚力度。三是互联网上的打假。要打击利用互联网制假售假、虚假宣传等侵害消费者权益的行为，净化网络商品市场和互联网金融市场。四是规范互联网提供信息的真实性，要防止以讹传讹。强化电信运营商、虚拟运营商的法律责任与社会责任，严惩不良企业利用频道、号码资源进行欺诈的行为。“互联网+”和大数据、云计算提供了市场智慧监管的现代化手段。智慧监管即运用大数据等推动监管创新，依托互联网、大数据技术，打造市场监管大数据平台，推动“互联网+监管”，提高市场监管智能化水平。

4. 完善社会主义市场经济体制的两个重点[①]

党的十九大报告明确经济体制改革必须以完善产权制度和要素市场化配置为重点。这两个重点是市场对资源配置起决定性作用的基本条件，目标是实现产权有效激励、要素自由流动、价格反应灵活、竞争公平有序、企业优胜劣汰。总体来说，市场决定资源配置涉及三个系统：一是进入市场的要素；二是在一定产权制度约束下的要素的供给者和需求者；三是市场秩序。市场机制的有效运行就取决于这三个系统的有效性。

① 洪银兴：《完善产权制度和要素市场化配置机制研究》，《中国工业经济》2018年第6期。

（1）完善产权制度的目标就是实现产权有效激励。

从理论上讲，纯粹的公有制同市场经济是难以有效结合的。而中国改革的创造就是发展多种所有制经济，尤其是推进多元产权的产权制度改革。在公有产权和私有产权相互融合，相互竞争的条件下，即使是公有产权也可能同市场经济结合。

对完善社会主义市场经济体制来说，产权理论超越了所有制理论，有更大的改革空间。有效的产权制度成为市场决定资源配置的基础性条件，主要体现在以下方面：第一，产权是市场交易的前提。第二，产权被用来界定人们在经济活动中如何受益、如何受损，以及它们之间如何进行补偿的规则。第三，产权决定经济行为者的责任。为什么市场主体能够服从市场调节？其根本原因在于自身的产权利益与其市场行为相关。现实中经济行为收益同风险相匹配，最致命的风险是产权丧失，最重要的收益是财产增值。这意味着有效的产权制度要求明晰企业资产权的归属、控制、产权收益和风险。

现实中，产权制度有无效率的产权和有效率的产权之分。基于市场经济与产权制度关系的分析，完善社会主义市场经济体制关键是建立有效率的产权制度。基于国家的职能，国家要对造成经济增长、停滞和衰退的产权结构的效率负责。这意味着，建立有效的产权制度，是国家所要推进的改革的重要方面。

讲到经济激励，人们通常关注的是收入的激励。实际上财产权利的激励作用更大，是市场经济最强大的动力源。产权的界定、配置和流转具有更强、更有效的激励作用。产权激励制度把人们经济活动的努力和报酬（财产）紧密地联系在一起，把经济活动的风险和财产收益联系在一起，是稳定持久的激励。中国改革的成功得益于产权制度改革和产权激励；农村改革的成功，就在于家庭联产承包责任制所包含的承包经营权的激励；股份制的成功就在于股权激励；混合所有制的成功就在于多元股权合作的激励。人们在转向市场经济后之所以有良好的市场预期，就在于有恒产者有恒心。

产权概念实际上有两个含义。一是Ownership意义上的产权，即所有权，强调财产的归属。这个产权概念是在产权的界定、流转、转让和交易，以及在此过程中的产权的保护意义上使用。二是Property Rights意义上的产权，即产权结构，是由一束权利（所有权、经营权、收益权）组成的产权结构，其中的财产权利可以分割。如现代企业制度中的出资者产权和法人财产权的分离，国有企业中所有权与经营权，农村土地制度改革中的所有权、承包权、经营权三权分置等。我国已有的产权制度改革明确形成界定清晰、权责明确、处置有效、规范科学的制度体系。在此基础上按实现产权有效激励的要求完善产权制度，主要涉及以下方面：

第一，完善产权保护制度。保护产权要以公平为核心，全面保护，依法保护。界定和保护产权是国家职能。国家不只是保护国有资产，还要保护各种所有制经济产权和合法利益，包括保护民营企业家财产权和财产收益。进入新时代后，产权保护的领域需要补短板：一是为了激励创新，需要保护的产权不仅涉及物质产权，还涉及知识产权。需要完善知识产权制度，包括知识产权的许可使用、转让、质押、投融资等制度，以促进创新成果转化为现实生产力，实现创新成果的利益最大化。二是为了生态文明，需要构建全民所有自然资源资产产权有偿使用制度。明确全部国土空间各类自然资源资产的产权主体，保护自然资源资产的所有者权益，公平分享自然资源资产收益。

第二，推动产权顺畅流转。涉及企业产权结构重组，调整存量、重组企业。产权的初始界定不重要，重要的是产权的交易和重新调整。如果所有权可转让给出价最高的人，那么社会福利将趋于最大化。如果产权最初被错误地分配了，那么交易就会发生，并持续到产权以一种有效的方式被拥有为止。产权流转对提高国有资本效益极为重要。过去国有资本投到企业中就“死”在那里了，直至企业倒闭，国有资本被毁灭。现在资本可以在顺畅的流转中实现保值增值，通过建立退出机制，企业承担产权责任，破产、出售、被兼并都是国有资本流转的路径。与此相应，国资管理转向管资本为主，就可以使国有资本在流动中保证其优质高效。产权顺畅流转的激励作用也适用于民营资本私营企业通过吸收包括公有资本在内的其他法人资本进入，参与改造国有企业，收购、兼并公有产权，甚至达到控股。

第三，员工持股激励。农村改革的成功在于耕者有其田，城市改革也需要实现工者有其产。居民获取更多的财产和财产性收入，就会从财产利益上关心发展。在现代经济活动中，产权激励被广泛地应用于对企业管理层和员工的激励（分享剩余）。尤其是在创新型经济中，对创新创业者的股权激励显得尤为重要。产权不再简单地以现金或实物资本的投入数量来确定，还可以通过对企业经营层和员工的人力资本定价来确定。激励手段主要有股票赠予、股票购买计划、期权激励、员工持股计划等。

第四，完善公司治理。现代企业中一般不可能由出资者直接治理企业，而是将出资者产权和法人财产权分离，由公司法人治理企业。想要激励公司法人对企业的治理符合出资者的整体利益，就要有相应的产权激励制度安排，这就是剩余控制权和剩余索取权。这种产权结构中的财产权利分割也表现在农村土地制度的三权分置上。集体所有的土地，农民享有长期承包权，激励农民对土地长期投资，土地经营权流转，可以激励新型农业经营主体的形成。

在中国特色社会主义经济中，不仅要从基本经济制度上关注包括生产资料在内的生产要素归谁所有的问题，还要关注属于不同所有者的生产要素在企业中的组织方式和相应的企业治理问题；不仅要关注市场决定的资源配置问题，还要关注作为市场主体的企业的产权配置问题；不仅要关注对出资者的激励，还要关注对出资者资本治理者的激励。

（2）完善要素的市场化配置。

要素市场化配置是相对于要素行政化配置而言的。要素的市场化配置有两个要求：一是要素流动没有任何人为的障碍；二是要为要素自由流动提供顺畅的通道，包括各类要素市场，尤其是发达的金融通道。

要素市场化配置的目标是效率。是否有效的关键在于市场秩序。要素只有在统一开放、竞争有序的市场上配置才是有效的。只有当竞争是有秩序的，市场调节资源配置的成本才是最低的。建立与有效的产权制度和要素市场化配置相配套的市场竞争秩序，主要涉及以下内容：一是建立有效的保障契约得以实现的秩序，市场经济就是契约经济；二是打破各类垄断，包括市场垄断和行政垄断；三是建立法治化的营商环境，并且建立诚信文化；四是改革市场监管体系，解决政府干预过多和监管不到位的问题。针对我国现状，要素要实现市场化配置，有如下要求：

第一，建设完备的要素市场。我国实行市场经济体制以来，虽然大部分要素市场已经形成并开放，但毕竟是从非市场的计划经济转化来的，需要补市场建设的短板。一是建设多层次的资本市场。金融是资金要素市场化配置的主渠道，去杠杆绝不意味着企业不要融通资金，而是由间接融资转向直接融资，鼓励股权融资。由此遇到资本市场供给不足的瓶颈。发展多层次的资本市场就是要给投资者、给企业提供多元的投资场所，多种投资工具。这个市场不但要建，还要规范好。二是规范土地市场。土地市场建设的重点在规范。首先是一级市场上的规划和政策规范，严格转让使用权土地的用途，尤其要明确建设用地和房地产用地，是公益性地产还是商业性地产。一级市场既然是市场就要引入公平竞争的机制。其次是在二级市场上不仅要充分竞争，也需要建立防止过度投机的监管机制。三是发展技术市场。我国正在实施的创新驱动发展战略，突出需要解决如何将科技创新成果（新技术）迅速转化为现实的生产力的问题。技术转移的重要路径是技术交易市场。现实中新技术供求信息不对称问题最为突出：一方面是企业需要的技术不知从哪里取得，大学科研机构创新的技术不知用到哪里去；另一方面，新技术供给者为防止被仿冒而不愿公开新技术的完全信息，而新技术的需求者则因得不到新技术的完全信息而不愿购买和采用新技术。两者的脱节是技术要素的最大浪费，因此解决新技术转移中两个信息的不对称问题，就成为发展技术交易市场的要求。

第二，各种要素都要进入市场。各种要素都进入市场需要打破体制性障碍。一是各个要素市场充分开放，这实际上是要解决要素顺畅进入市场的通道的问题。需要解决的突出问题有两个：一个是劳动力市场开放问题，主要是指城乡劳动力的自由流动问题；另一个是大数据的市场分享问题，这是新问题。在信息社会，尤其是进入互联网时代后，大数据成为通常讲的除资本、技术、劳动、管理、土地以外的新的发展要素，甚至要比石油资源还重要。正因为大数据已经成为现代的经济资源，就需要解决把大数据资源推动发展的作用进一步发挥，推动大数据市场充分开放的问题。二是资本进出的自由选择。资本自由选择有两个条件：首先，需要营造宽松、便捷的市场准入环境，建立公平统一、开放透明的市场准入机制。国家通过负面清单的准入制度安排就为资本的自由选择提供了制度性保证。其次，需要有效的资本退出机制。一方面强化优胜劣汰的退出机制，解决束缚在低效率企业中的各种要素退出后进入市场的问题。另一方面维持灵活的资本市场退出机制。这对支持创新创业的风险投资特别重要。风险投资在资本市场及时退出，可以使风险投资源源不断。

第三，要素价格市场化。一是物质性生产要素价格形成的进一步市场化。现在竞争性领域价格基本已经放开，由市场定价。但是，涉及水、电、气、电信这样一些垄断性领域中的物质性的生产要素的价格还没有完全放开。对资源性产品和垄断行业，国家试图通过国家定价的办法来进行规制，效果并不理想。在科技进步和企业组织创新成果的推动下，某些受规制产业不再具有自然垄断的性质。随着产业的发展和产业需求的扩大，企业内部的垂直一体化分工中有相当部分环节不具有自然垄断性质。规制改革的措施是，将竞争性业务从垄断性业务中分离出来，政府定价范围就主要限定在重要公用事业、公益性服务、网络型自然垄断环节。同时赋予被规制企业更多的确定商品价格或服务收费的自由，使被规制企业更加趋于按商业原则经营。二是资本、劳动、土地、技术、管理等要素价格形成的市场化。这就是各种要素的价格在市场上形成。对资源配置起决定性作用的就是各个要素市场形成的生产要素的价格比例。这种要素价格比例不只受供求调节，还对供求双方都起调节作用。要素供给方根据要素价格比例调整要素供给。要素需求方则是根据要素价格比例安排所需要素的有效组合。这时候就有一个最有效率的要素组合问题。企业依据由市场决定的生产要素价格比例，对投入要素进行成本和收益的比较，以最低的成本使用生产要素。这是市场配置资源效率的重要体现。在生产要素参与收入分配的背景下，各种要素参与收入分配，实际上是要素使用者分别给要素所有者支付报酬，各种要素的供求状况以及由此决定的要素价格必然是需要考虑的因素。在这里要素报酬的客观依据就是市场对各种要素的供求关系所形成的市场评价。依据各种要素在企业中的投入和贡献的市场评价，形成各尽所能、各得其所的收入结构。

5. 收入分配体制改革研究

基于对生产要素参与收入分配后的社会主义基本分配制度的研究，我发表了多篇论文，其中最有影响的有两篇，一篇是《经济学家》2015年第4期的《非劳动生产要素参与收入分配的理论辨析》，另一篇是《经济学动态》2018年第4期的《兼顾公平与效率的收入分配制度改革40年》。我在这两篇论文中提出了如下观点：

第一是生产要素参与收入分配与马克思的劳动价值论是否矛盾？劳动以外的各个要素参与收入分配，毫无疑问是参与新创造价值的分配，但不能以为它们参与了价值的分配就成为价值创造的源泉。明确生产要素参与收入分配丝毫没有承认非劳动的生产要素成为价值创造源泉之意。劳动是创造价值的唯一源泉，但不是创造财富的唯一源泉。财富的创造需要劳动同各种生产要素的结合，其中包括资本、土地、技术、管理等。非劳动的生产要素尽管不创造价值，但参与了社会财富的创造，都对财富的增进作出了贡献。既然各种生产要素对财富创造分别作出了贡献，各种生产要素就要参与财富的分配。当然在马克思的分配理论中，参与财富创造的各个要素所得不是全部财富的分配，而是新创造价值的分配。这说明生产要素参与分配在马克思看来同劳动价值论是相容的。

第二是非直接劳动生产要素能否在收入分配中得到较大的份额？一要看社会主义初级阶段发展生产力的需要，二要看这些要素对生产力发展起多大作用。社会主义初级阶段的根本任务是发展生产力，由此就要发展多种所有制经济的作用，当然也包括属于不同所有者的生产要素。就各种生产要素对发展生产力的作用来说，即使是在坚持劳动价值论的马克思那里，也丝毫没有否认它们在增进财富上的决定性作用。例如资本要素，根据马克思的分析，包括劳动力和土地等在内的各种生产要素是被资本并入生产过程的，“资本一旦合并了形成财富的两个原始要素——劳动力和土地，它便获得了一种扩张的能力。”[①]再如技术要素，“劳动生产力是随着科学和技术的不断进步而不断发展的。”[②]尤其是在创新驱动经济中，技术进步的作用更大。再如管理要素，“一切规模较大的直接社会劳动或共同劳动，都或多或少地需要指挥，以协调个人的活动，并执行生产总体的运动。”[③]显然，在社会主义初级阶段的收入分配体制中，充分肯定并正确估价非劳动要素的贡献，并且在分配中得到体现，本身是社会主义初级阶段的基本任务和基本经济制度的要求。

第三是各种生产要素按什么原则参与收入分配，由此判断在这种收入分配结构中如何体现按劳分配为主体。根据党的十七大、十八大和十八届三中全会的决定，完整的要素报酬机制就取决于三个原则：一是要素的投入；二是要素的

① 马克思：《资本论》第1卷，人民出版社，2004年版，第697页。

② 马克思：《资本论》第1卷，人民出版社，2004年版，第698页。

③ 马克思：《资本论》第1卷，人民出版社，2004年版，第384页。

贡献；三是要素的供求。现实的收入分配是这三个要素的综合。在这种收入分配结构中，如何体现按劳分配为主体？这不仅是理论问题，更是实践问题。在这里需要科学判断按劳分配收入的内涵和外延。首先，在参与收入分配的要素中相对于其他要素的劳动只是指生产一线的劳动者的收入，即直接劳动收入。其次，参与收入分配的要素中技术和管理要素实际上也是劳动要素，在马克思的理论中属于总体的生产劳动，而且这类劳动是复杂劳动，理应有更高的报酬。基于这种认识，按劳分配为主体就不能只是指直接劳动的收入，还应该包括技术和管理的收入。就是说，按劳分配为主体指的是相对于资本收入，包含直接劳动、技术和管理收入。只要技术和管理的劳动得到复杂劳动价值的回报，按劳分配为主体还是有保证的。

第四是在多种生产要素参与收入分配的体制中，无论是按贡献，还是按供求，非直接的劳动生产要素较直接劳动要素的谈判能力更强，也更强势，不可避免造成直接劳动报酬在收入分配中所占比重下降的趋势。社会主义国家需要根据公平正义的要求缩小收入差距，保障直接劳动者的收入，其中包括深化企业和机关事业单位工资制度改革，推行企业工资集体协商制度，保护劳动所得。努力实现劳动报酬增长和劳动生产率提高同步，提高劳动报酬在初次分配中的比重。健全工资决定和正常增长机制，完善最低工资和工资支付保障制度，完善企业工资集体协商制度。应该说，这些规定是劳动所得的基本保障。除了上述直接提高直接劳动者收入的措施外，还采取了增加直接劳动者其他要素供给的措施，使其获得非直接劳动要素的收入。包括加大人力资本投资，加大促进教育公平力度，促使劳动者成为复杂劳动者，拥有技术要素和管理能力，由此获得技术和管理报酬，同时多渠道增加居民的财产性收入。这意味着虽然各种生产要素参与收入分配后，直接劳动报酬在收入中的比重会下降，但不意味着劳动者的收入会下降。劳动者收入会随着其拥有更多的非直接劳动生产要素而提高。

第五是如何在分配制度上更为重视知识资本的作用。在2017年11月19日“中国经济学家年度论坛暨中国经济理论创新奖（2017）颁奖盛典”上我做了《让参与创新的人得到应有的回报》的演讲。我认为，与传统企业不同，科技企业不仅仅是劳动和资本的结合，还是高科技的思想（知识）与资本的结合。知识资本和人力资本是科技创新和创业之“本”，各种创新要素由科技企业家黏合和集成科技企业中所谓的按要素分配，既不是按劳分配为主体，也不是按物质资本要素分配为主体，应该是按知识资本和企业家人力资本要素分配为主体。也就是说，知识资本和人力资本是分配的中心。在产学研协同创新的平台上，除了受雇于企业的科学家外，大学及科学家参与研发的目标与企业不完全相同，科技水平及其成果价值是其追求的主要目标。对企业来说，把大学及科学家吸引到科技企业的吸引力，就是为之提供充分的延伸研究的资金和相关的条件，并且使其享有知识产权，并以此作为参与创新收益分配的依据。科技创业者一般是团队，体制机制建设需要对整个团队进行创新激励。科技创业的经济体是整个创业和经营团队。整个创业和经营团队中，

在第二届洪银兴经济学奖颁奖典礼暨学术研讨会上讲话

科技创业者的价值实现的主要形式是股权激励，创新成果即知识产权需要在创业的企业中股权化。科技创业者也可以以其人力资本价值获得企业股权。这样，无论是哪一个参与者的收入，都依赖于整个创新成果及企业的整体价值。当然将科技和企业家要素用马克思主义政治经济学解释为复杂劳动的回报，是按劳分配为主体的重要方面。

6. 基本经济制度改革研究

所有制理论是马克思主义政治经济学永恒的主题。产权制度分析超越所有制理论拓宽了基本经济制度研究的空间。社会主义基本经济制度一直被明确为社会主义公有制。而在社会主义初级阶段，为了发展生产力，需要从实际出发，寻求推动生产力发展从而推动社会主义初级阶段社会主义发展的新的动力和新的要素，使各种创造社会财富的源泉充分涌流。因此，以公有制为主体多种所有制经济共同发展，作为社会主义初级阶段的基本经济制度被提了出来。改革开放以

来，在基本经济制度改革和完善中产生了一系列重大的理论成果，突出在以下三个方面：[①]

一是长期处于“制度外”的多种非公有制经济，如个体经济、私营经济和外商投资经济进入了“制度内”，成为基本经济制度的组成部分。它们同公有制经济不是谁战胜谁的关系，而是平等竞争的关系。

二是公有制经济实现形式的突破。过去的理论强调公有资产只能在公有制企业中经营。现在明确公有制经济是资产和资本的概念，并且明确公有制经济不完全是指公有制企业（包括国有企业和集体企业），而是指公有资产（国有资产和集体资产）。这意味着公有资产可以在各种类型的企业中经营，公有制可以有多种实现形式，包括股份制在内的混合所有制可以成为公有制的实现形式。

三是公有制为主体的含义的突破。过去的理论把公有制为主体定义为公有企业在数量上为主体。现在公有制为主体也有了新的含义。在基本经济制度框架内，所谓公有制为主体，不是指公有制企业为主体，而是指公有资本在社会总资本中占优势。国有经济控制国民经济命脉。社会主义公有制理论的这一重大突破，对发展非公有制经济和国有经济进行有进有退的战略性调整起到了重要的作用。按此理论，国有经济进行了有进有退的战略性调整，保持了国有经济对国民经济的控制力。

① 洪银兴：《以创新的理论构建中国特色社会主义政治经济学的理论体系》，《经济研究》2016年4月。

进入新时代后继续坚持“两个毫不动摇”的理论成果，即毫不动摇巩固和发展公有制经济；毫不动摇鼓励、支持、引导非公有制经济发展。在此基础上基本经济制度方面的理论创新突出在以下四方面：

一是明确公有制经济和非公有制经济都是社会主义市场经济的重要组成部分，都是我国经济社会发展的重要基础。与此相应的是，在产权保护上，明确提出公有制经济财产权不可侵犯，非公有制经济财产权同样不可侵犯。在政策待遇上，强调坚持权利平等、机会平等、规则平等，对各种所有制经济在负面清单基础上实行统一的市场准入制度，废除对非公有制经济各种形式的不合理的规定，消除各种显性和隐性壁垒，制定非公有制企业进入特许经营领域的具体办法。这样非公有制经济在市场进入方面取得了与公有制经济同等的地位。

二是明确多种所有制资本交叉持股、相互融合的混合所有制经济是基本经济制度的重要实现形式。利用混合所有制经济，既有利于国有资本放大功能，又鼓励发展非公有资本控股的混合所有制企业。

三是在国有企业总体上已经同市场经济相融合的基础上明确提出推动国有资本做强、做优、做大。其路径包括：国有企业按商业类和公益类进行分类改革；国资管理转向管资本为主，改革国有资本授权经营体制；加快国有经济布局优化、结构调整、战略性重组，促进国有资产保值增值，有效防止国有资产流失。

四是农村集体所有的土地实行所有权、承包权和经营权三权分置，集体所有的承包土地的经营权可以流转。农民由此获得土地财产权收入。这是我国农村土地制度理论的重大突破。

混合所有制成为基本经济制度的实现形式后，公有制企业与多种非公有制企业外部并存发展为在同一个企业中公有资本同非公有资本的内部融合。那么基本经济制度中如何实现公有制为主体就面临着新的课题，需要研究在混合所有制的框架内公有制为主体如何体现。对公有制在混合所有制中的主体地位区分需要从两个层面进行分析，不同类型的企业中，公有制的主体地位有不同的要求。商业类的公有制企业主要身处竞争性领域，同其他所有制性质的资本一样，在这里的公有资本追求价值增值。哪里能增值，资本就流向哪里。这意味着进入这类混合所有制企业的公有资本并不追求在所在企业中控股，但要追求所在企业的增值能力。总体数量仍然较大的公有资本分布在增值能力强的企业中，哪怕在所在企业中不控股，总体上还是居主体地位。公益类企业要保证公共利益，一般都是公有制企业经营，但公有资本也不可能独霸天下。公益类国有企业也可建立混合所有制，允许非国有资本参股、入股，公益性项目也要吸引非公有资本参与。公有制在这里的主体地位就表现在混合所有制中的控股地位。只要保持公有资本在混合所有制经济中的控制力，实际上它所支配的资本就不只是自己的资本，还能支配参股和入股的非国有资本。其控制力和支配力不只在其控股地位，更重要的是其平等对待其他所有制经济并共享利益的吸引力。在这里公有制的主体地位是很明显的。

7. 准确认识供给侧结构性改革的目标和任务

我国于2015年底提出推进供给侧结构性改革。我在《中国工业经济》2016年第6期发表的《准确认识供给侧结构性改革的目标和任务》一文中提出，去产能、去库存、去杠杆、降成本和补短板是在改革中需要完成的任务，但不能看作是改革的目标。供给侧改革的目标是要在体制上解决不再持续产生所要去的产能、库存，在改革和发展中补齐短板和降低成本。

我国当前的供给侧的结构性问题可以概括为有效供给不足和无效产能并存。供给侧的结构性矛盾具有经济发展阶段性特征——供给不能适应进入中等收入阶段以后消费需求的新变化。进入中等收入阶段后：一方面解决了温饱问题后居民的消费需求开始转型，更关注健康、安全、卫生、档次方面的需求；另一方面生产和服务还停留在低收入阶段的供给，追求数量，不重视质量，为生产而生产。由此产生上述结构性问题。供给侧的结构性问题需要以改革的办法来解决。

供给侧结构性改革的目标，具体地说有三方面：第一，寻求供给侧的经济发展动力。影响潜在经济增长率的供给要素包括投入、技术、结构、效率等。创新驱动、结构调整、提高效率都是供给侧推动经济增长的动力，尤其是提高全要素生产率还有很大的空间。第二，建立有效供给的长效机制。这要求推动产业优化升级；依靠科技创新提高产品的技术档次；建立精细化的治理体系和文化，加强质量管理和重塑精细文化；规范市场秩序，加强并完善市场监管体制，

“乱市”用重典，加强诚信体系建设，打造诚信品牌。第三，释放企业活力。其中包括减轻企业负担，减少对企业的行政干预，从而激发企业活力。通过建立激励性体制释放企业活力有明确的针对性。现在实体经济企业背负着“三座大山”——高税、高息和高负担，企业有产量无效益，许多企业成为“僵尸企业”。改革实际上是处理好国民收入分配中国家、企业和职工三者的利益关系，由于企业是基本的经济细胞，尤其要突出企业利益。企业负担减轻了，经济细胞活了，国家收入才能增加。

供给侧结构性改革的关键是将供给侧改革目标与所要解决的任务有机地结合起来。

第一，提高全要素生产率和“降成本”。提高全要素生产率和降低成本是一个问题的两面。提高全要素生产率涉及：投入要素质量提高，资源配置效率提高，技术进步，规模效益等。实践中成本高居不下的重要方面是资源错配所产生的成本。目前资源错配突出在两个方面：一是资金较多地投在房地产和虚拟经济上，而不是投在与新产业相关的物质资本和技术要素上；二是投资偏重物质资本，忽视人力资本投资，针对这种要素的结构性错配，提高全要素生产率的着力点是重视高新产业投资，重视人力资本投资。还要重视企业家的作用。在创新驱动发展中，企业家创新所推动的要素的新组合，对全要素生产率提高起着决定性作用。供给侧的结构性改革就是要推动经营者成为企业家，放手让企业家在市场决定资源配置的条件下组合要素，提高供给体系的质量和效率。

第二，结构调整和“去产能、去库存”。过去的结构调整主要是以增量扩能的方式，效果不佳。针对严重的过剩产能和库存，结构调整需要加大力度调整存量结构。存量调整涉及出清市场。既需要供给侧本身的调整来出清，也需要需求侧做出调节。针对严重的过剩产能和库存需要在供给侧“去产能”和“去库存”。“去”的路径需要供给和需求两侧共同发力。在需求侧，需要强化优胜劣汰的市场机制，由市场来淘汰过剩生产能力。供给侧改革要求以新的体制和发展方式保证不再产生新的无效产能和库存，关键还是要解决供给以市场为导向，真正转到市场决定资源配置，打破垄断和地方保护，强化市场优胜劣汰的选择和竞争机制。在供给侧，要求建立和完善严格的技术标准、质量标准和环保标准，依靠这些标准来淘汰无效产能、低端产能、落后产能和污染产能。在供给侧，也可以采取化解的方式。过剩生产能力并不都是无用的生产能力，可以寻求新的用处和去处去化解过剩产能，包括对过剩产能的再开发，以适应新的需求。

第三，创新驱动和“补短板”。市场供给的短板，不仅涉及产品供给的短板，还存在质量、卫生、安全等方面的短板。这些短板很大程度上归结为创新能力不足。因此供给侧改革的重要方面是增强创新的驱动力。科技创新不仅要来提供满足消费者的产品需求，更要在技术上满足消费者在质量、安全和卫生等方面的需求。按此要求，创新驱动和补短板衔接需要解决两个突出的问题：首先是建立科技创新与产品创新有效衔接的机制。现在不仅是科技创新与产业创新成“两张皮”，而且离产品创新更远。科技创新要实，要能解决产品创新问题，解决质量、安全和卫生的技术问题。其次是补创新驱动的人才短板。如今，一缺具有创新精神的企业家，二缺具有“工匠精神”的工匠。补上这两类人才，就会大大提高能增加有效供给的创新能力。

第四，实体经济企业减负和“去杠杆、降成本”。供给侧改革的重要目标是激发市场主体活力，调动企业增加有效供给的积极性，着力点是要使企业这个经济细胞在减负中活起来。针对企业的“高杠杆”和由此产生的高利息负担，需要从改革的角度“去杠杆”。这就是改革投融资体制，企业投融资结构更多地由通过银行的间接融资转向直接融资和股权融资的方式，相应的重点是发展多层次直接融资的资本市场，从而在投融资体制结构上建立企业自我积累、自我约束的机制。从改革的角度“降成本”，目标是为企业减负，大力度减税、降息、减费（如“五险一金”问题），让更多企业轻装上阵。处置“僵尸企业”是供给侧结构性改革的重要话题。处置“僵尸企业”最简单的方法就是需求侧的市场淘汰的方法，但是考虑到降低社会成本，不能简单采取破产倒闭的办法，着力点还是救活“僵尸企业”。保企业还是保职工实际上是伪命题。保职工固然比保企业成本小，但国家能在多大程度和多长时间内保这些失业的职工呢？没有企业何来就业？处置“僵尸企业”应该在供给侧采取更多的办法，降低社会成本。其路径包括并购重组，依靠优势企业带动其走出困境；引导企业转产，浴火重生；“僵死”的国有企业民营化等。

由于供给与需求是一个问题的两面，相互依存，虽然当前经济发展的主要矛盾体现在供给侧，但也不能忽视需求侧的作用。在国际市场需求的引擎作用减弱、内需的引擎作用加大的背景下，激发需求侧的动力主要在两个方面，一方面是改善总需求结构，着力激发消费需求和民间投资需求。在“三驾马车”（消费需求、投资需求、外部需求）中尤其要重视消费需求的拉动作用。突出消费需求的拉动作用，不只是因为过去不重视消费，更重要的是消费对拉动经济发展具有不可替代的作用。优化总需求结构的另一个着力点在于激发民间投资活力。中国民间投资潜力很大，但民间投资缺乏活力。激发民间投资活力的路径主要有两点：其一，克服政府投资的挤出效应；其二，创新投融资方式，拓宽民间融资渠道。另一方面是改善宏观总需求调控。在市场对资源分配起决定性作用的背景下，改善宏观调控方式的方向应由点状调控转向区间调控，由大水漫灌式的调控转向定向调控。[①]

我国的供给侧结构性改革推进“三去一降一补”，取得了明显的成效。党的十九大提出，进入新时代主要矛盾转向人民日益增长的美好生活需要和不平衡、不充分的发展之间的矛盾。由此明确要求互联网、大数据、人工智能同实体经济深度融合，在中高端消费、创新引领、绿色低碳、共享经济、现代供应链、人力资本服务等领域培育新增长点，形成新动能。在此背景下我在《经济科学》2018年第6期发表的

① 洪银兴：《在供给和需求两侧寻求中国经济发展新动力》，《南国学术》2018年第2期。

《培育新动能：供给侧结构性改革的升级版》一文提出，如果说“三去一降一补”是供给侧结构性改革的1.0版，那么培育新动能就是供给侧结构性改革的2.0版，即升级版。

二 经济发展理论研究

1. 苏南模式的跟踪研究

我研究苏南模式的第一部著作是1995年主持编写的《苏南乡镇企业：历程・机制・效应・趋势》。此后，我一直关注着苏南地区的发展实践和苏南模式的创新演进。2001年和2002年分别在《改革》[①]和《宏观经济研究》[②]上发表阐述苏南模式新发展的文章，揭示苏南模式在我国转向市场经济体制后的新发展。

我对苏南模式的理论梳理是：苏南早期的成功，应该说是市场化改革的成功，苏南当时的发展道路之所以作为苏南模式来概括，主要是有两个方面的创新。第一是启动了农村工业化和城镇化的进程，开启了以非农化和城镇化的途径及富裕农民的进程。第二是突破计划经济的束缚，乡镇企业面向市场求发展，建立了适应市场经济的经营机制。可以说，苏南模式的起步是源于体制创新。其制度创新有路径依赖。

---

① 洪银兴、陈宝敏：《苏南模式的新发展——兼与温州模式比较》，《改革》2001年第4期。

② 洪银兴、陈宝敏：《苏南模式与中国经济的市场化》，《宏观经济研究》2002年第10期。

首先是集体经济的作用。实行集体经济的模式，乡镇企业上马快，也便于上规模和横向联合。集体经济实际上是村级经济，可以看作企业（经济单元）的公共积累。这部分积累成为发展乡镇企业的原始积累，加快了当地的非农化进程。其次是乡镇政府的作用。乡镇政府的利益与乡镇企业密切联系在一起。因此，乡镇政府的行为在发展乡镇企业方面要更多地从市场行为方面去理解。作为早期苏南模式主角的苏南基层政府（乡镇政府），更多地是作为乡镇企业的总代表行事，与通常意义上的政府组织相去甚远。乡镇政府的企业家行为，在苏南地区表现得最为淋漓尽致。因此，我反对简单将苏南模式与市场经济对立起来。

从20世纪80年代末90年代初开始，苏南地区的经济发展就进入了新的历史阶段，呈现出许多与以往不同的新特征。我认为，其中最重要的是外向型经济、企业改制和城市化。这些重要变化进一步改变了苏南地区的经济环境，同时也大大发展了苏南模式的内涵。以乡镇集体经济为主要内容的传统苏南模式，逐渐为苏南地区自身的发展所扬弃。其核心是集体经济比重过高的模糊产权成为改革的对象。因此我做出了"新苏南模式"的判断。如果说苏南模式的产生是对计划经济体制的突破，那么新苏南模式不仅是对创新的体制进一步完善和发展，更为突出的是对传统增长方式和传统发展观的突破。一种模式有新发展，实际上包含两层含义，一是这种模式在新的发展阶段有创新，二是原有模式的合理内涵在新模式中得到了继承。由苏南模式转向新苏南模式，既体现对原有苏南模式的路径依赖，又体现了发展模式在新的发展阶段的创新。新苏南模式在很大程度上保留了原有苏南模式的传统，这些传统在新苏南模式中没有被完全抛弃，而是在新的模式中保留下来了。准确地说，新苏南模式实际上是指苏南模式的新发展。

针对当时对苏南模式来自“左”的和“右”的方面的批判，我的回应：一是价值评判标准，即判断一种发展模式是否成功，不应该从某种先验的理论框架出发，而应该从发展的成果来检验，且发展的成果也应该有个历史性的评价问题。每个发展阶段都有在该阶段需要解决的问题和发展的内容，也有需要留给下一阶段去解决的问题。新苏南模式不是对苏南模式的否定，而是扬弃。二是与自身发展规律和机制相契合，即不论苏南模式、温州模式还是其他模式，都是适合当地环境的发展经济模式，模式的差异乃是对发展条件差异的正常反应。三是发展模式具有可变性，即环境和条件的可变性决定了发展模式的可变性。苏南地区的经济发展进入新的历史阶段，呈现出许多与以往不同的新特征，适应这种变化的具体经济实践，大大发展了苏南模式的内涵。

2009年，我先后在《人民日报》发表《苏南模式在创新中演进》，在《经济学动态》发表《苏南模式的演进和发展中国特色社会主义的成功实践》，提出苏南模式的产生和演进，体现了发展中国特色社会主义的成功实践。主要涉及四个方面。一是富民优先。主要特征有三个：通过改制和发展民营经济等途径鼓励一部分人先富；关注增加个人财产及其收入，鼓励创业，拓展包括财产致富和经营致富等其他收入渠道；允许先富的同时关注合作富民，不仅关注平均收入达到小康水平，还重视大多数人达到收入的平均数，缩小收入差距。二是产业升级。苏南在全面小康社会建设中着力推动产业结构优化升级，着力点在于推动制造业由低端向高端攀升，由劳动密集型向技术密集型升级。外商投资的产业升级是新苏南模式的一大特色。在推进制造业升级的同时，苏南地区在制造业向服务业延伸方面形成了新的特色。三是提高自主创新能力。首先是利用外资由以往单纯引资转向突出引入核心高技术，突出研发中心的引进和建设；其次是苏南地区在与高校和科研机构建立产学研合作关系方面形成自主创新的新特色，主动接受高校、科研机构的辐射。近年来在苏南又出现了科技创业的强劲势头，民营经济与科技创业结合，自主创新找到了新的平台。苏南有条件成为全国自主创新能力最强的地区。四是着力于可持续发展。其主要途径包括：首先是推动工业向工业园区集中，人口向小城镇集中，服务业向中心城镇集中，由此在很大程度上实现土地等资源的集约使用；其次是加大转移和淘汰高消耗、高污染工业的力度；再次是推进信息化为代表的高科技化，依靠高科技跨越高消耗、高污染的阶段；最后是推进环境和生态的建设，在工业化水平较高并且以工业为主的地区创造治理和建设生态环境的新模式。

苏南地区成功的奥秘在于两个调节机制的协同：一是强力作用的地方政府，二是充分作用的市场。两者协同的关键是地方政府作用在不同发展阶段的创新都能在作用层次和着力点上保证市场作用得以充分发挥。我总结了新苏南模式在政府作用创新上的表现：第一，政府推动经济发展的着力点，在于提供有利于本地经济发展的公共环境，为各类企业发展提供公共平台。第二，政府作用的层次，由乡镇政府上升到县级（县级市）政府，企业所面对的政府机构明显减少，政府的作用更为宏观。第三，政府作用的重点逐步转向社会发展，苏南地区成为经济发展和社会发展较为协调的地区。第四，政府作用的形式，主要是抓规划，并从政策和政府投资等方面落实规划，政府的投资职能主要在根据城市化规划和环境规划所进行的公共性投资。第五，县乡政府成为工业反哺农业的重要主体，其途径主要包括两个方面，增加农村特别是城镇的公共产品和公共设施的供给，以及社会保障以公共财政为主导。

面对苏南地区面临的资源和环境问题、经济能量与区域限制的矛盾、高产值低收益问题等方面的挑战，应该进一步创新苏南模式的方向：一是富民突出农民，直接推进新农村建设，可以提高农民收入，缩小收入差距。二是财富创造突出生态财富。苏南再工业化的基本内容是转移和淘汰高污染、高消耗和占用土地不集约、不节约的工业，建设循环经济。三是提升制造业突出提高自主创新能力。四是城市化突出人口素质现代化。

2. “三农”现代化研究

农业、农民、农村是我国经济发展的基本问题，也是我国现代化的基本问题。我对“三农”问题的研究是一个不断深化的过程。

早在20世纪90年代，我根据长江三角洲地区发展经验提出，以工业化解决农业问题，以城市化解决农村问题，以市民化解决农民问题的“三农”问题解决思路。我对城市化和城乡发展一体化的研究寓于对新苏南模式的研究之中，但又独立于对新苏南模式的研究。苏南模式一开始就包含了城市化的内容。苏南农民创造了城市化的城镇化模式：农民建城镇，农民进城镇，自己转移自己。新苏南模式则涵盖了农村城市化、城乡一体化、城市现代化等。在此基础上，苏南最先推进的新一轮城市化，内容是推进城镇城市化和城市现代化。城镇城市化是在合并小城镇的基础上强化城镇的城市功能和设施建设，包括城镇商业、教育、医疗、购物等基本服务设施，使农民在城镇就能享受到城市的现代文明。

我在《农村的非农化及其与农业发展的协调》[1]一文中指出：农村推进工业化和城镇化走了一条有中国特色的工业化和城市化道路，产生了带动农业发展的正效应，但同时也产生了削弱农业的负效应。《城市化模式的新发展——以江苏为例的分析》[2]一文，以江苏为例分析了小城镇化虽然加速了城镇的发展，却在很大程度上抑制了大中小城市的发展。在我看来，城市是市场中心，市场是其基本功能。城市化要由突出人口流动转向突出功能提升，不仅包含城镇化的内容，更要突出其成为市场中心、信息中心、服务中心、文化教育中心的内涵，特别关注其经济能量的聚集度和对整个

① 洪银兴：《农村的非农化及其与农业发展的协调》，《经济理论与经济管理》1994年第3期。

② 洪银兴、陈雯：《城市化模式的新发展——以江苏为例的分析》，《经济研究》2000年第12期。

区域的辐射力。小城镇无力担当区域发展的重任。过去的城市化以城市规模的扩张为特征，其原因是这种城市化以处于工业化阶段为基础，因此城市规模越大，现代化水平越高。现代工业化正在进入信息化阶段。以信息化为基础的城市现代化水平没有必要用城市规模来说明。因此，城市现代化应是自上而下推动，通过中心城的现代化推动城镇及其外围地区的现代化。

我用城市功能理论分析了我国的区域经济差距。一个地区发达的原因是：城市密集，城市大，城市功能强，具有强烈的吸纳和集聚要素的能力。一个地区落后的原因是：城市太少，城市功能太弱，吸纳和集聚要素的能力太弱。异地城市化只是“化”到进入城市的个人，农民工流出地的农村与城市的差距更大。因此，在中西部地区的城市化重点是增加城市供给：建设新的城市，做大现有城市和中心城镇。东部地区的城市化重点是现代化。城市现代化是城市本身的建设，即城市成为现代化的中心，是先进社会生产力和现代市场的载体。其内容包括：城市产业结构重组，将城市工业向周边小城市和城镇转移，由工业中心转向现代服务业中心；城市企业结构调整，发展总部经济；城市要素重组，以金融机构、公司总部、研发机构、现代服务业为载体集聚高素质人才；城市国际化，吸引外资银行、保险、贸易、信息等外国服务业进入中心城市；人口素质现代化，需要提高中等收入者比重。

我主持完成的国家社科基金重大课题“经济转轨中城乡互动、工农互促的协调发展道路问题研究”成果于2007年发表在《经济研究》上，题为《工业和城市反哺农业、农村的路径研究——长三角地区实践的理论思考》，此文提出，靠“三农”以外的发展带不动“三农”的现代化。非农产业提供支农建农资金的“体外积累”不能成为农业积累的长期的稳定可靠来源，改造传统农业归根到底还得靠农业自身积累能力的提高。从根本上改变农业和农村落后面貌的基本途径是，引入生产要素特别是先进要素。对随着我国工业化、城镇化和经济结构调整的加速，所出现的一些亟待解决的“三农”问题，以体制、市场、技术以及发展战略为出发点，构建了一个立足于中国本土的工农互促、城乡互动的农村发展、城乡一体化的理论体系。文中指出：现实的工业化和城市化中流出的主要是农业中严重缺乏的人力资本，留下来的是文化程度低的、能力弱的、身体差的劳动力。建立在这种人力资本结构基础上的农业只能是弱势的，农业部门过多的劳动力和过少的资金、技术要素结合在一个低效率结构之中。因此，不同要素的流动不应该是同方向的。在农业剩余劳动力流出时，必须引进资金、技术等要素，以改造传统农业。工业反哺农业、城市支持农村是现阶段实现“三农”现代化的根本出路。该文得到国务院领导的批示。

2009年我发表在《经济学家》上的论文《三农现代化途径研究》提出在新的历史起点上推进“三农”现代化，需要直接以农业、农民和农村为发展对象。发展现代农业需要在农业中引入现代生产要素，其中最为突出的有两个——科技要素和人力资本要素。我针对我国城乡二元结构现实表现，提出了克服二元结构的优先顺序，即农村居民生活条件城市化优先于克服城乡收入差距。改善农村居民的生活环境，实现生活环境的城市化，就能留住人力资本，吸引人力资本改造传统农业。

2009年我发表在《管理世界》上的《反哺农业的产业组织与市场组织——基于农产品价值链的分析》[①]一文，认为提高农业生产率和对农民进行人力资本投资的微观机制存在于农产品价值链中农户、加工企业、流通环节和零售商之间的纵向联系。改造农业生产的价值链驱动模式，提高加工企业和大型零售企业对农产品价值链的驱动力，农村在农产品生产和销售标准化、合约化的渗透下建立农村工业化组织，提高广大小农户参与价值链的程度，可以使农业生产率提高形成自我实施的机制。

国家社科基金重大课题的最终成果《三农现代化的现代途径》（经济科学出版社，2009年版）一书，系统阐发了我的新型城镇化思想，基本观点是城市化并不是人口和要素单向地流向城市。中国城市容纳人口和提供就业的能力有限。在城市具有发展的中心地位后，城市化就要转向，也就是推进城市现代要素向农村扩散，农村成为城市化所要“化”的重点，实现在经济社会发展水平上的城乡一体化。在城市化基础上推进城乡一体化就是要提升农村发展水平；其中包括：发展农村市场经济，使之尽快赶上城市的市场经济水平；要建立城乡一体的要素市场，创造包括农村市场主体在

① 洪银兴、郑江淮：《反哺农业的产业组织与市场组织——基于农产品价值链的分析》，《管理世界》2009年第5期。

内的各类市场主体平等使用生产要素的环境。

十八大以后，国内学术界对新阶段的城镇化给予了极大的关注。我于2013年先后在《人民日报》和《经济学动态》[1]发表论文，提出新阶段城镇化绝不是重复以前的城镇化，而是在新的历史起点上赋予了城镇化新的内涵，主要涉及两个方面：一是直接以农业、农民和农村为发展对象，实现城乡发展一体化意义上的城镇化；二是现有的大中城市推进城市现代化所需要的人口和产业向城镇转移意义上的城镇化。我从三个方面论述了进入新的发展阶段的城镇化的内容：首先，城镇化的核心内容是城乡发展一体化，推进城市现代要素向农村扩散。这个过程体现城市对农村的支持和反哺。其次，从城镇城市化来定义城镇化。为城市现代化腾出空间推动城市产业和居民向城镇转移的城镇化要求城镇具有城市功能，这样城镇才可能成为城乡发展一体化的关键点。最后，从市民化意义上定义城镇化，农民通过城镇化实现市民化。依靠城镇化实现基本公共服务城乡均等化。把国家基础设施建设和社会事业发展重点放在农村地区的城镇，这体现了政府投资方向的城镇化。要让农民不进入城市就能享受到各种市民的权利。要做到城乡居民政治、经济和社会地位的平等。取消城乡分割的户籍制度，城乡居民在城市和农村的流动和居住地可不受户籍的限制。要取消对农民的各种歧视性政策，农民进城就业与城市人享受平等的权利，高校毕

① 洪银兴：《在新阶段的城镇化需要政府积极引导》，《人民日报》2013年7月17日；《新阶段城镇化的目标和路径》，《经济学动态》2013年第7期。

业生到农村就业与在城市就业享受平等的权利。农民及其子弟入学要能够享受与城市人平等的权利。基本公共服务城乡均等化方面，将提供给市民的机会和设施安排到农村城镇去，把高质量的教育、文化医疗设施办到农村城镇，增加农村公共产品和公共设施的供给，使社会保障制度城乡平等。农民享受平等的城市人的市民权利，城乡居民政治、经济和社会地位平等，城乡生活方式趋同，公共物品享受权利平等。

我对农业现代化研究的代表作主要是2015年发表在《经济学动态》第2期的《以三农现代化补“四化同步”的短板》一文和2017年1月由江苏人民出版社出版的《学好用好中国特色社会主义政治经济学》中我写的“三农现代化”一章。我认为，在历史进程中，工业化的初期甚至中期可能会丢弃“三农”。在“四化同步”的现代化中，农业现代化是短板。现在推进的现代化则需要从根本上克服农业的弱势状态，改变农村的落后状态。基于此我提出如下观点：

第一，对农业的低生产率的判断。农业劳动生产率可以从不同角度衡量。就农业产量来说，在农业剩余劳动力（尤其是青壮年劳动力）较大数量地流出农业的条件下，留在农业上的劳动力中老人、妇女占很大比重，但农业产量没有下降，这说明用农业产量衡量的农业劳动生产率还是不低的。但是，用农业收入来衡量，劳动生产率就不高，这同农业中人力资本存量低下相匹配。因此，提高农业劳动生产率，更为重要的是解决农民增收问题，而农民增收的重要前提是提高农业中的人力资本存量。针对农业的现状，需要反思已有的发展方式。虽然已有的非农化途径对“三农”发展有明显的带动作用，但是其对“三农”的负面作用也很明显，主要表现在：过度吸纳了土地等农业发展要素，留在农村的劳动力大都是老人和妇女；工业和城市由于得到“三农”的支持而发展更快，因此工农差距、城乡差距不但没有缩小，反而在进一步扩大。

第二，农业现代化主要涉及两个方面：一是从根本上改变其落后的生产方式和经营方式，不只是提高劳动生产率，还要提高包括资本、劳动、土地在内的全要素生产率，从而提高农民收入；二是基于农业在国民经济中的基础地位，农业现代化要满足全社会现代化进程中不断增长的对农产品的量和质的需要。

第三，农业发展范式由“剩余”转向“品质”。在相当长的时期中，农业发展可概括为“农业剩余”范式。农业的技术进步和制度调整都以增加农业剩余（剩余产品、剩余劳动力）为目标。非农部门的发展也是从农业剩余中得到支持。现在，随着社会和文化的进步，农业发展范式也随之改变，其趋势是由“剩余”转向“品质”。农业现代化意味着发展优质、高效、高附加值农业，涉及农产品品种的优化、品质的提升、农产品由初级品向最终产品的延伸。这些方面的进步归结为农产品品质范式，相应地需要构建现代农业产业体系、生产体系和经营体系。具体要求是优化调整农业的品种结构、要素投入结构以及产业关联与融合结构，促进农业全产业链中的产品附加值提升，构建农产品品种、品质结构与居民消费快速升级相适应的高质高效的现代化农业产业体系。

第四，发展现代农业的基本途径是科技创新。农业科技创新大致有两方面内容：一是机械创新，二是生物创新。我国过去农业技术创新的重点是机械创新，也就是推进农业机械化。我国目前机械创新的能力较强，机械创新成果的应用可以让更多的农民从土地上转移出来，并且能增加农业剩余和节省劳动力。近年来，随着土地向种田大户流转以及农业剩余劳动力的大批转移，农业机械得到了广泛采用。与农业转向农产品品质范式相适应，农业技术创新的重点需要转向生物技术创新：一方面提供培育优良品种、改进农产品品质和提高农产品附加值的新技术，这种创新使农产品在品种、品质和附加值上都能提升；另一方面提供绿色化的技术，这有利于环境和生态等方面的可持续发展。但相比机械创新，我国农业生物创新的能力严重不足，难以满足日益增长的社会需求。因此，生物技术创新逐渐成为农业技术创新的重点。

第五，谁来种田。在农产品品质范式下发展农业，需要在农业中引入现代生产要素。谁来种田涉及两个方面：一是谁来进行农业技术创新。现代农业发展的品质范式要求，农民需要得到的科技要素是可以直接采用的现代科技的投入品，如优良品种、现代农药和肥料、现代农业机械、种植和培育技术。因此，由政府引导的农业科技投入的对象就有个结构问题，科技投入就不能或者说不是直接给农民。科技投入对象突出为对高等院校和科研机构的农业科技研究和研发的投入，这是农业技术进步的基础。农业技术创新的关键在于农业新技术的转化。由农业生产周期长和季节性要求高、受自然条件影响大的特征所决定，农业中新技术的采用是有风险的。小本经营的农民有厌恶技术风险的行为。因此，农业中的新技术需要有个推广和示范的过程，而且示范和推广的费用不可能由农民支付。政府要承担起对农业新技术示范和推广的职能。政府对农民采用新技术应提供补贴，使农民获取低价的甚至免费的科技和教育供给，同时激励农业科技人员深入农村推广新技术、新品种，帮助农民解决技术难题。二是谁来从事农业生产。目前农业从业人员以女性、老年人、低文化程度人士为主。在发展现代农业、推广现代农业技术时，留在农村的劳动力的知识和技术水平明显不够，没有足够的人力资本投入，就不可能实现农业技术现代化。仅仅对留在农业中的农民进行投资，提高其教育水平是远远不够的。发展现代农业的主体是现代农民。现代农业需要的是具有较高人力资本含量的高素质劳动力，需要从农业和农村外部引入。既要激励流出农业和农村、经过城市和非农部门的人力资本投资的劳动力回到农业，也要激励包括大学生在内的城市中的创新创业人才进入农村和农业部门，从而在农业中形成与现代农业技术相适合的人力资本结构。其中包括有知识、有创新精神的农民，称职的科研和技术人员，有远见的公共行政管理人员和企业家。现代生产要素投入农业的主要激励因素是农业投入收益率。如果等量资本在农业中得不到等量收益，如果农业的比较收益太低，就不会有外部的资本投入农业。显然，提高农业收益是解决谁来种田问题的关键。只有农民富裕了，才有人去种田。

第六，农业制度创新。首先是建立土地经营权流转制度。我国在实践中创造了土地所有权、承包权和经营权三权分置的制度安排。这就是坚持土地集体所有权和农民家庭土地承包权，允许通过流转、让渡等市场化方式，将土地经营权向优势经营主体进行转移。这种制度安排还保证了农户家庭在新型农业经营体系中应有的主导性地位，使农户权益在改革中得以保障，财产性收入在改革中得以拓展。其次是培育新型农业经营主体。新型农业经营主体包括专业大户、家庭农场、农业合作社、农业企业等新型经营主体。新型农业经营体系的培育和构建，将推动我国农业生产和发展方式的全面创新。提高农户的组织化程度，使其有组织地参与市场活动，是培育农村市场主体的关键。其中“公司+农户”的合作经营组织就起到了这种作用。最后是完善农业产业组织。目前的农业生产是在农产品产业链（价值链）中最低端、附加值最低的环节中进行的。只有当农产品由初级产品向中间产品乃至最终产品延伸，才可能真正提高农业收益。这就提出了农业工业化要求。要推进农业生产的工厂化，扩大农业生产过程的分工，延伸农产品加工链，在此基础上才能真正形成市场化农业，实现市场导向，重视专业化、特色化，根据市场导向调整农业结构。

3. 从比较优势转向竞争优势的研究

在国际分工和贸易理论中长期占统治地位的是比较优势理论。我1997年在《经济研究》上发表了《从比较优势到竞争优势》一文，受到学术界的广泛关注并产生较大反响。

2002年又发表《经济全球化条件下的比较优势和竞争优势》一文[1]，进一步阐发这个思想。本书在主要学术成果部分将《从比较优势到竞争优势》全文附上，因此该文观点此处从略。

在《从比较优势到竞争优势》一文发表十余年后，我在研究创新型经济时再次发表论文[2]，提出以创新来培育竞争优势的理论。基本思想是，不能为开放而开放，应该以开放来增强自身的国际竞争能力；以比较优势为基础的开放战略在发展的最初阶段是成功的；推动了我国产业结构的提升，缩短了我国的产业发展与国际先进水平的差距。

经济发展到今天，由于已有的以利用我国资源和劳动力的比较优势为基础的开放型经济模式的发展效应明显衰减，受此影响，不只是国际贸易，包括利用外资在内的整个开放型经济推动经济增长的引擎作用正在衰减。这主要表现在三个方面：

第一，从利用国际资源来说，已有的开放型经济的基本出发点是，以引进的国际资源来利用我国低工资的劳动力和廉价的自然资源，核心和关键技术不在我国。随着我国人口结构变化、劳动力成本上升和资源环境约束收紧，建立在低工资、低资源环境成本比较优势基础上的开放型经济难以为继。

第二，从利用国际市场来说，2008年金融危机不仅导致

① 洪银兴：《经济全球化条件下的比较优势和竞争优势》，《经济学动态》2002年第12期。

② 洪银兴：《以创新支持开放模式转换——再论由比较优势转向竞争优势》，《经济学动态》2010年第11期。

国际市场需求下降，更推动西方发达国家产业结构转型。美国“再工业化”战略的提出，实际反映了发达国家产业和贸易结构基础的改变。面对包括我国在内的发展中国家利用劳动力比较优势出口劳动密集型产品的冲击，发达国家开始采取各种贸易保护主义手段进行抵制。这使得我国长期实施的以劳动力作为比较优势的出口战略难以为继。

第三，就制造业产品的国际竞争力来看，虽然我国已经成为世界制造业大国，但中国制造业产品的竞争力仍然很弱：一是制造业产品的科技含量和档次低，二是在中国制造的产品中，中国创造部分少。因此我国必须改变以劳动密集和自然资源密集为比较优势的外向结构，转换开放模式，这是转变经济发展方式的重要方面。

另一方面，在我国现阶段特别是在发达地区，劳动力和自然资源的比较优势基本上已失去。劳动力和自然资源的比较优势建立在低价格的基础上，随着这些要素的充裕度降低，相对劳动力价格、劳动生产率不具有优势，相对土地价格、土地生产力不具有优势。中国要由世界经济大国向世界经济强国转变，就不能仅仅依靠劳动力和自然资源的比较优势谋求贸易利益，而是要在更大范围、更高层次上发挥资本和技术的作用，尽快缩小与发达国家的技术差距。这就要求改变原来的跟随战略，将开放战略的转型目标由比较优势调整到竞争优势。

在以上研究的基础上，我进一步提出了我国在参与新一轮全球化竞争中，由比较优势向竞争优势转变的明确发展目标：推进产业创新，发展具有竞争优势的产业。我国许多领域还没有能力与世界级竞争对手较劲时，依靠学习和研发来谋求竞争优势本身就包含在竞争优势的理论框架内。从国家层面谋求竞争优势的开放战略，不排斥企业仍然依靠其比较优势参与国际竞争。由比较优势向竞争优势转向，需要摒弃过去主要在沿海地区实施的出口导向战略，代之以通过推动产业结构升级，特别是发展与其他发达国家相同水平的新兴产业，占领科技和产业的世界制高点，缩短与发达国家的差距，形成能与世界级竞争对手较劲的、具有竞争优势的产业结构。

当然，调整国际贸易的比较优势战略并不是回到封闭经济，恰恰相反，还要发挥开放型经济的引擎作用。由比较优势转向竞争优势，体现了增长的内生性和创新驱动性，表面上看这是由外向拉动转向内生发展。增长引擎的由外向内转，实际上并没有限制开放，而是在更高层次上的开放，是依靠科技和产业创新提升我国产业竞争力。要真正形成国际竞争优势，就是要把开放和创新结合起来，既依托创新发展开放型经济，又依托开放发展创新型经济，从而解决两个问题：一是用高科技含量、高附加值的出口品，替代低科技含量、低附加值的出口品，特别要减少能源和环境出口，扩大战略性新兴产业和服务的国际市场份额；二是用服务出口替代产品出口。国际贸易的趋势是，服务贸易增长快于产品贸易增长，特别是知识性服务贸易出口不仅有较高的附加值，而且不存在对国内资源和环境的压力，有着广泛的发展空间。以上两个方面的替代可以说是我国经济发展新阶段的对外开放目标。实现了这些替代，开放型经济对我国的经济增长就会继续起着引擎的作用。这个目标能否实现，关键在创新和自主创新能力是否能提升。

4. 中国发展经济学的框架

我与孙宁华合著的《中国经济发展：理论·实践·趋势》（南京大学出版社，2015年版）可以说是我的第四本关于中国经济发展的发展经济学著作。该书出版的时代背景是我国进入了中等收入国家发展阶段，需要转变经济发展的理念。主要涉及三个方面：一是由追求GDP增长转向人民收入水平的提高，人民公平合理地分享经济增长成果，保障和改善民生，促进社会公平正义；二是构建资源节约、环境友好的生产方式和消费方式，实现人与自然的和谐；三是需要有世界经济大国的创新思维，对我国的经济发展方向重新定位，把握好自身在全球经济分工中的新定位，创造参与国际经济合作和竞争的新优势。由此出发，本书所要阐述的经济发展理论的基本框架包含以下内容：

（1）关于经济发展目标研究。首先是以人民为中心的发展观及其实现路径。经济发展目标需要由单纯追求GDP增长转向人民收入水平的提高，反映我国经济发展目标由“强国”到“富民”的转型。其次是人均收入进入中等收入国家水平后避开“中等收入陷阱”研究的基本路径是由效率性增长转向公平性增长。相应地收入分配政策选择需要由效率优先转向公平正义。其基本要求是初次分配和再分配都要处理好公平和效率的关系，再分配更加注重公平。最后是由允许一部分人先富起来到让大多数人富起来的转变。富裕人民不仅涉及加快经济增长问题，还涉及经济增长成果如何分配才能使人民群众得到最大收益、最大的社会福利问题。就先富和后富的关系来说，过去允许一部分人先富起来，在体制上解决推动GDP增长的动力。现在提出让大多数人富起来的要求，目标是广大人民公平合理地分享增长的成果。

（2）关于经济发展方式研究。已有的发展理论说明了由粗放型经济增长向集约型经济增长转变的内涵。现阶段所研究的转变经济发展方式比转变经济增长方式的范围更广，要求更高。主要涉及四大转变：第一是经济发展的引擎由外转内，扩大内需成为战略基点。第二是经济增长由主要靠投资和出口拉动向消费、投资和出口协同拉动的转变，突出消费的拉动作用。第三是经济结构的调整成为转变经济发展方式的主攻方向。第四是经济发展主要由物质资源投入转向创新驱动。

（3）关于创新驱动发展战略研究。科技进步和创新是加快转变经济发展方式的重要支撑。现在，我国已成为世界第二大经济体，经济全球化与科技全球化互动。相应地，技术创新观就要由过去的跟随转向引领，与发达国家进入同一起跑线，在某些重点领域实现跨越，在部分领域占领科技和产业的世界制高点。创新驱动不只是解决效率问题，更重要的是依靠无形要素实现要素的新组合，是科学技术成果在生产和商业上的第一次应用和扩散，是创造新的增长要素。过去技术创新的源头在企业，现在技术创新的源头转向了来自大学和科学院的科学技术的新突破。为此，需要研究国家创新体系建设，特别关注科技成果的转化；需要研究知识创新和技术创新的衔接和集成的机制及激励创新的制度，重视协同创新研究；研究知识资本和人力资本在创新驱动和现代经济增长中的决定性作用。

（4）关于二元结构研究。中国的二元结构现代化问题是发展的基本问题。与此相关的协调发展研究课题主要涉及：第一是“三农”现代化研究。我国已有的“三农”发展是在“三农”以外解决“三农”问题，即以非农化解决农业问题，以城镇化解决农村问题，以市民化解决农民问题。现在“三农”问题进入了新的起点，需要直面“三农”来解决“三农”问题——推进农业现代化，富裕务农农民，提高农业劳动生产率和附加值，建设社会主义新农村。第二是城镇化研究。中国农民曾经创造了不同于其他国家农民进城的就地转移的城镇化模式。现在的城镇化有了新的内容，一方面是推进城乡一体化，另一方面是要推进人的城镇化，使广大农民享有平等的市民权利。第三是工业化、农业现代化，城镇化和信息化同步发展问题研究。第四是区域不平衡发展和区域协调研究。通过推进区域经济一体化的途径重塑经济地理，实现区域互动协调发展。

（5）可持续发展研究。可持续发展研究涉及人口、资源和环境等领域，目标是解决当代人的发展不影响后代人福利的问题。发达国家是在完成工业化后提出可持续发展要求的。我国是在工业化还没有完成，特别是某些地区刚开始推进工业化时提出可持续发展要求的。因此我国的可持续发展研究不仅迫切，而且复杂。第一是研究资源节约型和环境友好型社会的建设，这种社会的建设不只是生产问题，还涉及空间格局、产业结构、生产方式、生活方式等多方面的发展模式。第二是研究经济增长和自然极限。人口、就业、资源、生态和环境同经济增长是一个相互制约系统，土地资源、矿产资源和环境资源的严重稀缺给经济增长设置了自然界限。对这个界限需要敬畏它，需要解决好节能减排，减少碳排放的问题，同时也要通过各种投入和技术进步去增强资源环境对增长的承载力。第三是人与自然和谐共生的生态文明研究，尊重自然、顺应自然、保护自然的生态文明理念，融入经济建设、政治建设、文化建设、社会建设各方面和全过程，努力建设美丽中国，实现中华民族永续发展。第四是可持续发展的制度研究，把资源消耗、环境损害、生态效益纳入经济社会发展评价体系，建立体现生态文明要求的目标体系、考核办法、奖惩机制。

（6）关于现代化研究。我国的现代化建设包含了全面小康社会、基本实现现代化和全面实现现代化几个阶段。按照现代化的时序，我国要在2020年全面建成小康社会，紧接着进入现代化建设阶段。经济发展理论研究的任务是贡献现代化理论。现代化与全面小康相比，不是简单的数量评价指标上的改变，而是质的提升。这就涉及现代化的目标和参照系的设定以及基本现代化评价指标的确定。现代化道路和推动现代化的动力的选择也至关重要。现代化进程指的是进入现代增长阶段，大致包括科学技术的现代化、经济结构的现代化、人的现代化。社会主义现代化要求人口素质现代化，实现人的全面发展。明确现代化的质量要求，对经济增长的质量有导向作用。

（7）关于开放型经济研究。在中国成为世界第二大经济体，欧美等发达国家经济增长速度减缓，并出现反全球化逆流的新背景下，中国不可能再为开放而开放，我国经济的对外开放要同提高自己的经济发展水平，增强自己的国际竞争能力并参与全球经济治理结合起来。为此，开放理论和政策需要调整。第一，以出口导向和吸收外资为主转向进口和出口、吸收外资和对外投资并重。第二，参与全球化经济由突出自己的资源和劳动力的比较优势转向谋求竞争优势，依靠并培育国际竞争优势从而提高开放效益就成为新的开放战略。第三，引进国外要素的重点由物质要素转向创新要素。第四，对外开放与扩大内需的战略基点结合。其中包括中国扩大的内需市场对外开放。外资准入的范围由制造业扩大到金融、教育、文化、医疗等服务业领域。第五，作为世界经济大国的对外开放需要建立开放型经济新体制，涉及金融、外贸、外汇等体制全面开放，涉及人民币汇率市场化、人民币自由兑换、资本自由流动等制度性建设。

（8）关于政府作用研究。发展的基础和动力在制度。现实中没有一个发展中国家不是借助市场的有效的配置资源功能和政府的强有力的管理取得成功的。我国转向市场经济体制，为提高资源配置效率奠定了制度基础。发展中国家推动经济发展离不开政府的作用，与此相关的发展问题主要涉及：首先是推动发展的市场作用和政府作用的有效结合问题；其次是完善国家宏观调控机制；最后是完善发展管理，尤其是发展项目的管理。

5. 新时代经济现代化研究

我国即将全面建成小康社会，并将开启现代化建设的新征程。虽然现代化有一般的规律，但进入新时代的中国的现代化要有新的理念和理论。这里着重介绍十九大以后我所发表的几篇关于现代化的论文中的观点。

（1）关于新时代现代化的特性。中国进入新时代的现代化有三个特性[①]：第一，以人民为中心的社会主义现代化。根据十九大的现代化方案，基本实现现代化是要使人民生活更为宽裕，而到全面现代化时人民生活更加幸福安康。共同富裕是现代化的社会主义特征。十九大确定的现代化方案明确：基本实现现代化阶段，城乡区域发展差距和居民生活水平差距显著缩小；全面现代化阶段，全体人民共同富裕基本实现。第二，赶超西方发达国家的现代化。已有的现代化理论，将经济文化相对落后的发展中国家的现代化定义为追赶先行现代化国家的过程。当我国进入新时代时，现代化不是在发达国家之后亦步亦趋，与其说是追赶，不如说是赶超。特别是中国新时代的现代化有社会主义的要求和优势。我国的现代化目标定位在建成富强民主文明和谐美丽的社会主义现代化强国。这个定位显然有别于甚至高于发达国家的现代化水平。第三，生态文明时代的现代化。发达国家当年的现代化是在工业文明时代推进的。先行国家可以无所顾忌、无障碍地高排放并掠夺国外资源来支持其粗放方式的工

① 洪银兴：《新时代现代化理论的创新》，《经济研究》2017年第11期。

业化。我国进入的新时代是生态文明时代。生态文明时代的现代化已经没有先行国家当时那种资源、环境。因此新时代的现代化不能完全仿效西方现代化模式，一开始就要防止和克服西方国家的“现代化病”，一开始就要有生态文明的目标。必须走低消耗、低排放的新型工业化道路。这是社会主义现代化与西方国家现代化的根本区别。

（2）关于“四化同步”的现代化。新型工业化、信息化、城镇化和农业现代化“四化同步”是中国特色社会主义现代化的领域。为了充分释放其推动现代化的能力，不仅需要准确把握这“四化”在新时代的新内容，还需要根据协调发展的要求，补齐短板，实现四化同步。

第一，提升工业化的现代水准。传统意义的工业化和城市化任务在全面小康社会建设阶段实际上已基本完成。在新时代推进的工业化不是数量指标。现代化的标准是加快发展先进制造业。具体要求是推动互联网、大数据、人工智能和实体经济深度融合，在中高端消费、创新引领、绿色低碳、共享经济、现代供应链、人力资本服务等领域培育新增长点，形成新动能，促进我国产业迈向全球价值链中高端。

第二，城镇化进入现阶段，中国转移农业人口意义上城镇化也已基本到位。进入新时代后，城镇化有了新内容：一是市民化意义上的城镇化。也就是解决进入城镇的转移人口无法享受平等的市民权利的问题，进一步要求是留在农村的农民享受市民权利。二是城镇城市化。现代化对处于广大农村的城镇提出城镇城市化的功能，增强其产业发展、公共服务、吸纳就业、人口集聚的城市功能，推动城市发展的势头和要素化到农村城镇，实现城市和城镇的深度融合发展。

第三，信息化进入国际前沿。信息化就是当今的科技现代化。当今世界前沿的信息化有两个方向：一是针对制造业的信息化，工业革命为推动中长期经济增长提供了新机遇。物联网、大数据、云计算、人工智能、机器人、增材制造、新材料、增强现实、纳米技术和生物技术等很多新兴技术取得重大进展。二是针对服务业的信息化。在互联网经济时代，数字经济是指以信息和知识的数字化为关键生产要素，以现代信息网络为重要载体，以有效利用信息通信技术为提升效率和优化经济结构重要动力的广泛经济活动。[①]

第四，农业实现现代化。新时代的农业现代化需要从根本上克服农业的弱势状态，改变农村的落后面貌。农业发展要由增产导向转向提质导向，由农产品“数量剩余”范式转向“品质和附加值”范式：一是构建与居民消费快速升级相适应的高质高效的现代化农业产业体系，以实现农业强；二是提高农业附加值和农业全要素生产率，以实现农民富；三是发展绿色农业、生态农业，以实现农村美。

“四化”在新时代的新内容表明，在“四化”领域开启现代化新征程实际上是开启建设现代化经济体系的新征程，为“四化”领域实现高质量发展奠定坚实的基础。

（3）关于区域现代化。[②]在全面建成小康社会的基础上，经济发达地区可率先开启基本实现社会主义现代化进

① 《二十国集团创新增长蓝图》，《人民日报》2016年9月6日。

② 洪银兴：《深入探寻现代化建设路径》，《人民日报》2017年12月11日。

程，为我国整体实现社会主义现代化探路。不同地区的现代化建设路径应因地制宜，不应千篇一律。我国幅员辽阔、人口众多，各地资源禀赋、地理环境、文化传统、产业结构存在很大差异，所呈现的现代化状态也会有所不同。从世界范围看，已经实现现代化的国家呈现出不同的经济特点。比如，在国内生产总值构成中，有的国家工业所占比重较大，有的国家服务业所占比重较大，有的国家农业所占比重较大，但这并不影响他们建成现代化国家。这表明，一方面，我国各地推进社会主义现代化建设应因地制宜，不同地区不能盲目攀比、简单模仿，而应实事求是地选择适合自己的现代化路径和模式；另一方面，各地现代化建设的重点也不一样。国家基本实现现代化的指标如城镇化率、服务业比重等，是总体指标，不可能同等分解到各个地区，也不能要求各个地区达到同样的标准。比如，从国家层面来说，应适当降低农业所占比重，提高服务业所占比重；但对有的地区来说，则可能更适合通过发展现代农业基本实现现代化。现代化进程也是区域经济一体化的进程，应从区域协调发展的角度对现代化建设作出整体规划。各地推进现代化的空间尺度不能是一市一县这么小。即使北京、上海这样的特大城市，也不可能独自实现现代化。因为现代化区域包含中心和外围，仅仅有中心的现代化而没有外围的现代化，中心的现代化也不可能长久。中心城市的现代化建设需要外围地区分工协作，从而降低成本，形成集聚效应、规模效应。同时，中心城市对外围地区还有辐射效应、扩散效应，能够带动外围地区共同发展。包括中心和外围的区域在实现现代化的过程中又会从整体上成为中心，带动更大范围的发展。因此，现代化的进程也是打破地区分割、推动区域经济一体化、实现区域协调发展的过程。

三 创新驱动经济发展和攀升全球价值链中高端研究

1. 向创新型经济转型

我对自主创新的系统研究始于2006年底，当时我承担了南京市委的自主创新问题的研究课题，课题的成果反映在《基于科教资源优势建设创新型城市的南京模式》[①]一书中。在2009年第26次江苏发展高层论坛上，我在发言中提出苏南地区过去的发展先后抓住了两个机遇：发展乡镇经济的机遇和发展开放型经济的机遇。现在，正在迎来第三个机遇，这个机遇就是发展创新型经济的机遇。我发言的主要观点反映在会后发表的《向创新型经济转型——后危机阶段的思考》[②]一文中。2010年我又中标国家社科基金重大招标项目“基于自主创新能力增进的产学研合作创新研究”。尔后围绕此研究课题发表了一系列论文和专著。我对发展创新型经济主要提出了如下理论观点：

① 罗志军、洪银兴：《基于科教资源优势建设创新型城市的南京模式》，经济科学出版社，2007年版。

② 洪银兴：《向创新型经济转型——后危机阶段的思考》，《南京社会科学》2009年第11期。

第一，将创新型经济的内涵表述为：体现资源节约和环境友好的要求，以知识和人才为依托，以创新为主要驱动力，以发展拥有自主知识产权的新技术和新产品为着力点，以创新产业为标志的经济。发展创新型经济主要涉及以下几个方面的转型：增长方式的转型，由主要靠物质（资本、劳动、土地）投入推动增长转向创新要素（知识、技术、制度）驱动增长。产业结构的转型，不仅要求创新产业，还要求新兴产业成为主导产业。企业结构转型，科技企业成为主体，形成具有自主创新能力的产业体系，企业成为技术创新的主体，大学和科研机构介入技术创新体系。

第二，明确由技术创新向科技创新的提升反映科技进步新模式。在过去的技术进步模式中，技术创新以企业创新为源头，企业作为创新主体，自主地进行技术创新和产品创新。现在，科技创新以科学发现为源头，科技进步的新模式是由科学技术重大突破直接推动技术创新并推动产业创新。在此基础上，我提出了科技创新路线图：上游环节，即知识创新环节；中游环节，即创新的知识孵化为新技术的环节；下游环节，即采用新技术的环节。技术创新主要是在中下游环节的创新；知识创新主要是在上游环节即知识创造领域的创新，这是技术创新的源头。

第三，明确我国在科技和产业创新上由跟随战略转向引领战略。现在我国已站在了新的历史起点上，国际金融危机爆发以来正孕育新的科技革命，而新科技革命对我国与发达国家来说机会是均等的。过去，每一场新科技革命都首先出现于西方发达国家。我国由于科技水平落后，只能实施跟随战略，即引进和学习。实践证明，依靠跟随战略不可能在科技和产业发展方面赶上发达国家水平，不可能成为真正的世界经济强国。现在我国的科技进步和创新能力今非昔比，我国在科技和产业创新的某些领域与发达国家站在同一起跑线上。我们一定要抓住这次新的难得的历史机遇，与发达国家进入同一创新起跑线，占领世界科技和产业的制高点。

第四，明确创新驱动是新的发展方式的主要特征。推进自主创新特别是科技创新可以成为我国转变经济发展方式的抓手和切入口。我认为，创新驱动的经济增长是比集约型增长方式更高层次、更高水平的增长方式。尽管集约型增长方式包含了技术进步的作用，但没有摆脱物质要素推动经济增长的架构。创新驱动的增长方式不只是解决效率问题，更为重要的是依靠知识资本、人力资本和激励创新制度等无形要素实现要素的新组合，是科学技术成果在生产和商业上的应用和扩散，是创造新的增长要素。创新驱动经济发展是针对全社会而言的。因此对自主创新的要求不只是新发明在某个企业那里转化为新技术，更为重要的是自主创新成果及时地在全社会推广和扩散。知识和技术等创新要素不同于物质要素，其使用具有规模报酬递增的特点，因而创新不排斥新知识、新技术的广泛采用。只有当全社会都能采用自主创新成果时才能谈得上驱动经济发展。

第五，对企业创新主体和科技企业家的研究。我认为，企业作为技术创新主体包含以下含义：企业是新技术的采用主体、企业是新技术的研发主体、企业是技术创新的投资主体、企业是孵化新技术的主体。在技术创新上升为科技创新后，企业不只是成为采用新技术的主体，还要主动参与到产学研合作创新的体系中，成为孵化高新技术的一个主体。其前提是企业经营者不仅成为企业家，更是成为科技企业家。所谓科技企业家，一方面具有企业家的素质，能够洞察市场需求，体现以市场为导向。另一方面具有科学家的素质，能够洞察科学新发现的科学价值，体现创新成果的先进性。科技企业家的基本功能是对产学研协同创新的组织。在产学研合作创新背景下，企业进入科学新发现孵化为新技术阶段，体现科学家和企业家的合作，在这个过程中，起主导作用的仍然是企业家。在科技创新的背景下，技术创新不仅以市场为导向，还需要以新的科学发现为导向。科技企业家对这两个方面都要进行导向。科技企业家的成长需要适合的体制机制，按照科技企业家成长的生态培育科技企业家队伍是国家创新体系建设的关键。[①]

开放式创新有两个含义：一是创新的主攻方向具有国际的共同性，即不管创新的来源如何，单个国家的经济增长都有其国外的基础。因此，那些具有划时代意义的创造发明也应该成为我国科技创新的主攻方向。二是各个国家主攻相同方向的科技和产业，所产生的新知识、新科技可以在世界范围内传播。我国的自主创新不但接受其传播，还要积极吸收和引进，这已经不是过去意义上的跟随创新，而是占领科技和产业创新世界制高点的重要途径。基于对开放式创新以上

① 洪银兴：《科技创新中的企业家及其创新行为——兼论企业为主体的技术创新体系》，《中国工业经济》2012年第6期。

两个含义的理解，我提出，现阶段开放型经济的重点是引进创新要素，这涉及进口和引进战略的调整，以及国际直接投资战略的调整。进口战略逐步转向进口要素（尤其是创新要素）替代进口产品，目标是利用国际创新资源来提高我们的创新能力。当今的国际经济是要素流动为主导的经济，尤其是创新要素，不可能都从国内取得。而各种创新要素是跟着人才走的，因此在引进战略上要通过引进高端创新人才来利用其他国际创新要素。在创新型经济中，开发区应该体现开放和创新的结合，形成高科技制造业集聚、国际知名品牌的制造业集聚、高科技研发中心聚集和现代服务业聚集的集聚经济区。

2. 关于产学研协同创新

党的十八大提出了创新驱动经济发展的战略，我围绕这个重大战略展开研究，在《论创新驱动经济发展战略》（《经济学家》2013年第1期）一文中，对创新驱动战略做

2012年，参加在中南海召开的经济学家座谈会

了具体的阐述，特别强调创新驱动的核心是科技创新。以科学发现为源头的科技进步需要足够的投入，创新动力机制不仅靠市场机制的压力，更需要创新收益权的垄断形成的激励。

在《产学研协同创新的经济学分析》（《经济科学》2014年第1期）一文中对产学研协同创新进行了系统研究，产学研协同创新主要有以下几个方面的创造和理论假设：首先，产学研协同创新不只是大学和科研院所作为技术供给方、企业作为技术需求方之间的技术转移的关系，而是在科学新发现为导向的技术创新中大学和企业各方都要共同参与研发新技术，尤其是大学和企业各方共同建立研发新技术的平台和机制，在研发新技术过程中，企业家和科学家交互作用。这正是产学研协同创新的真谛。其次，产学研协同创新的环节主要在科学发现或创新的知识孵化为新技术的环节。一方面，技术创新的先导环节进一步延伸到科学向技术的转化过程；另一方面科研机构和大学不只是停留在知识创造和传播环节，其知识创新活动也延伸到了科学知识转化为新技术的领域。这样高科技的孵化领域成为知识创新和技术创新互动并协同的环节。最后，产学研协同不完全是企业、大学和科研院所三方机构问题，而是指产业发展、人才培养和科学研究三方功能的协同与集成化。具体地说，一方面作为“学”的大学中包含了科学研究机构，同时承担着科学研究的功能；另一方面“产”也不只是企业，是指产业发展，或者说产业创新。因此产学研协同从总体上说是大学与产业界的合作，涉及科学研究、人才培养的职能与产业界的合作创新。

产学研协同创新需要利益分享。知识资本和人力资本在产学研协同创新的共同体的资本结构中占主导地位，知识产权在共同体的产权结构中占主导地位，因此，协同创新的利益分享的基本要求是保障知识和技术创新者的私人收益，使其发现新技术的成本得到补偿并能得到更高的收益。只有这样，才能鼓励大学参与产学研协同创新，调动科技人员研究和开发高新技术的积极性。为了使知识资本的价值得到充分的评价，主要的制度安排集中在两个方面：一是技术资本化。在企业的股权结构中，在充分估价技术投入价值的基础上安排技术股，收入分配中充分实现投入的技术价值。二是技术商品化。在技术转让时科技成果得到科学的评估，以充分实现其价值。大学作为创新中心同企业作为创新主体的合作，这种协同创新不是简单的项目合作，而是共建创新平台的合作，是利益共同体。政府在其中起着引导和集成作用。

3. 创新经济学的几个理论问题

在对创新型经济多年研究的基础上，我于2017年1月在江苏人民出版社出版了专著《创新经济学》。此书可以说是国内最早的一部全面系统阐述创新经济学的学术著作。此书在系统梳理经典创新经济理论的基础上，阐述新发展理念中的创新是引领发展的第一动力的科学内涵；从全球视野阐述当代科技和产业革命的进展及其对世界经济的影响；关注从基础研究开始的科技创新的路线图，研究包括科学发现、孵化和研发新技术、科技创业、采用新技术以及高新技术产业化的创新链的价值分析。此书基于对创新发展的理念和创新经济规律分析，研究创新的经济机制，涉及科技创新与产业创新对接的机制、产学研协同创新机制、科技创业机制、科技与金融深度融合机制、商业模式创新机制，以及激励创新的体制机制等。此书还对创新型国家和创新型区域的基本特征做出了界定。根据此书及同时发表的论文，我对创新经济学的理论贡献主要表现在以下方面：

第一，过去对创新的经济分析基本上局限于企业内的创新，局限于技术创新。现在与以往的创新研究不同，创新阶段不只是从新发明的第一次应用开始，而是从知识创新开始，关注科技创新的全过程分析，包括知识创新及科学发现、孵化和研发新技术、科技创业、采用新技术以及高新技术产业化。因此，创新经济学内容包括创新发展的理念和创新规律分析、创新驱动并引领经济发展的理论分析、科技创新与产业创新对接的机制、产学研协同创新机制、科技创新与金融创新深度融合机制等方面的机制分析，以及激励创新的制度分析等。

第二，科学在资本主义产生以前就已存在，但在此以前并没有成为生产力的要素。为什么只是在进入资本主义生产方式阶段后，科学才成为生产力要素呢？马克思在《资本论》手稿中的回答是：只是在进入资本主义生产阶段后，“科学因素第一次被有意识地和广泛地加以发展，应用并体现在生活中，其规模是以往的时代根本想象不到的”[①]。在

① 中共中央马克思恩格斯列宁斯大林著作编译局：《马克思恩格斯文集》第8卷，人民出版社，2009年版，第358—359页。

《资本论》手稿中还可以看到这样一个观点——“只有资本主义生产方式才第一次使自然科学为直接的生产过程服务，同时，生产的发展反过来又为从理论上征服自然提供了手段，科学获得的使命是：成为生产财富的手段，成为致富的手段。”[①]这就是说，科学，人类理论的进步，只有在被自觉地广泛应用时，才成为生产力要素。其表现是：“这种资本主义生产第一次在相当大的程度上为自然科学创造了进行研究、观察、实验的物质手段。由于自然科学被资本用作致富手段，从而科学本身也成为那些发展科学的人的致富手段，所以，搞科学的人为了探索科学的实际应用而互相竞争。另一方面，发明成了一种特殊的职业。因此，随着资本主义生产的扩展，科学因素第一次被有意识地和广泛地加以发展、应用并体现在生活中，其规模是以往的时代根本想象不到的。”[②]科学成为生产力要素从而成为生产力的必要条件是科学被用于生产过程。科学不在生产中被应用，被束之高阁，就不是生产力。科学在生产中得到应用，连同科学一起成为生产力。我国现阶段实施创新驱动发展战略，不仅需要推进基础性科学研究，更要重视科学的应用，推动科技成果转化为直接的生产力。为此需要有足够的资本推向科学研究和科技成果的转化，包括基于科技创新成果的发明。

第三，科技生产力的价值如何评价。这个问题可以回答

① 中共中央马克思恩格斯列宁斯大林著作编译局：《马克思恩格斯文集》第8卷，人民出版社，2009年版，第357页。

② 中共中央马克思恩格斯列宁斯大林著作编译局：《马克思恩格斯文集》第8卷，人民出版社，2009年版，第359页。

为什么创新是发展的第一动力。[①]用劳动价值论来说明科技生产力价值主要在两个方面。一方面是指首先采用先进技术的生产者比其他生产者有更高的劳动生产率，在社会必要劳动时间决定价值量时可能获得更高的超额剩余价值。另一方面是指科技劳动者的劳动是复杂劳动，相比简单劳动可以创造更高的价值。但是，只是靠劳动价值论分析无论如何都不能充分说明科技的价值和贡献。就像马克思在《资本论》中说的“使用一架强有力的自动机劳动的英国人一周的产品的价值和只使用一架手摇纺车的中国人一周的产品的价值，仍有大得惊人的差别。在同一个时间内，中国人纺一磅棉花，英国人可以纺好几百磅”[②]。显然科技在这里的贡献不是用价值，而是用使用价值量来衡量的。马克思实际上是从财富创造即使用价值创造来说明科技生产力的价值的。他指出：“随着大工业的发展，现实财富的创造较少地取决于劳动时间和已耗费的劳动量，较多地取决于……科学的一般水平和技术进步，或者说取决于这种科学在生产上的应用。”[③]尽管科学研究还需要耗费科技人员的劳动，但科技生产力的价值就不能只是以其劳动价值来衡量，或者说科技生产力的价值已经远远超过了从事科技劳动的劳动者的劳动价值。尤其是“随着大工业的这种发展，直接劳动本身不再是生产的基

① 洪银兴：《中国特色社会主义政治经济学范畴与〈资本论〉原理的内在联系》，《当代经济研究》2017年第12期。

② 马克思：《资本论》第1卷，人民出版社，2004年版，第699页。

③ 中共中央马克思恩格斯列宁斯大林著作编译局：《马克思恩格斯文集》第8卷，人民出版社，2009年版，第196页。

础，一方面因为直接劳动变成主要是看管和调节的活动，其次也是因为产品不再是单个直接劳动的产品，相反地，作为生产者出现的，是社会活动的结合”[①]。这就给我们一个启发，财富的程度应该以什么来衡量。在马克思看来，“以劳动时间作为财富的尺度，这表明财富本身是建立在贫困的基础上的”[②]。从劳动价值的角度无论如何都无法准确评价科技的价值。从财富创造角度分析科技的价值也就是以创造的使用价值量来衡量可能准确反映科技生产力的贡献。科学技术的价值在于其创造的使用价值，创造的财富。相应地，在知识经济条件下，财富分配应该更多地向科技成果创造者倾斜。

第四，关于产业创新和产业化创新。以科技创新为先导的产业创新，反映现代世界科技和产业发展的趋势。建立在新科技革命基础上的产业创新意味着采用最新科技成果，其技术含量更高，附加值更高，也更为绿色。产业竞争力是一个国家、一个地区竞争优势所在。2014年底的中央经济工作会议提出更多靠产业化的创新来培育和形成新的增长点，把创新成果变成实实在在的创新活动。产业化创新作为产业创新的原动力，介于科技创新和产业创新之间，产业化创新的概念在实践中的体现，或者是给科技创新提供理念和方向，或者是直接成为连接科技创新和产业创新的桥梁。产业化创新突出的是科技创新的成果迅速转化为

① 中共中央马克思恩格斯列宁斯大林著作编译局：《马克思恩格斯文集》第8卷，人民出版社，2009年版，第200页。

② 同上注。

新技术、新产业，衔接市场需求与研发供给，培育和形成新的增长点。产业化创新不只是概念，更重要的是机制。其基本功能是以产业化为目标的科技创新能有效衔接知识创新和技术创新两大体系。产业化创新有两个导向：一是产业化导向，其中包括市场的商业化价值的导向；二是科技水平导向，其中包括先进性的技术价值导向。这两个导向结合，所产生的创意开发出的新技术、新产业就可能占领产业和市场的制高点。

第五，关于科技创新链。科技创新的上游环节，即知识创新环节，也就是基础研究环节，这是技术创新的源头；中游环节，是创新的知识孵化为新技术的环节；下游环节，即采用新技术的环节，是创新价值的实现环节。如果考虑创新技术的产业化，则可再加个高新技术产业化阶段。在上游和中游阶段都是科技创新，其中上游阶段是基础性科技创新，中游阶段是应用性科技创新，也就是通常说的发明阶段。而在下游阶段更多的是商业模式创新和市场创新。创新的阶段越是靠前，创新成果的社会收益越是明显，也就是创新收益难以收敛到私人投资者。通常所说的创新成果的外溢性主要就是指此。创新投资的阶段越是靠后，创新成果的私人收益便越是明显，也就是创新收益能够收敛到私人投资者（即企业性质的投资者）。

基于上述创新阶段研究创新收益，从而明确创新投入的主体。科技创新链的最前端，即知识创新阶段，是技术创新的源头。这个阶段的创新成果具有基础性、公益性和公共性，得益者是全社会，不可能收敛到某个私人投资者。因此这个阶段的创新投入主体无疑是代表社会利益的政府，以及公共基金。而在科技创新链的下游阶段，创新收益具有明显的收敛性，谁投资谁收益。因此这个阶段的创新投资主体，毫无疑问是企业。而在科技创新链的中游阶段，创新收益和创新体制的主体需要特别关注。应该说，研发的新技术，无论是转让，还是用于创业，都可能有明确的私人受益者，相应的就应该有明确的私人投资者，哪怕是风险投资者。而且，孵化出的新技术必须要具有商业价值和产业化价值，能够确定其商业价值的只能是企业。这意味着产学研合作创新平台的建设、孵化器的建设的主要投资都必须由企业承担。这就是说，企业应该成为孵化新技术的主体。但是，孵化出的新技术具有外溢性，社会也可能得益，因此作为社会利益的代表政府也有必要参与，提供孵化器建设的引导性投资。

4. 创新驱动产业迈上全球价值链中高端

2015年我的“全球价值链发展变化与我国创新驱动发展战略研究”课题获得国家社科基金重大项目资助。该项目的特点就是将创新驱动同全球价值链相联系，产生了一系列研究成果，主要表现在以下方面：[①]

第一，全球价值链研究的重要意义。首先，促进我国产业迈向全球价值链中高端是产业达到现代化水准的重要目标。一国产业在全球价值链中所处的地位反映其产业的国际

① 洪银兴：《参与全球经济治理：攀升全球价值链中高端》，《南京大学学报》2017年第4期。

水准。目前我国产业总体上处于全球价值链中低端。创新型国家建设规划中都有产业攀升全球价值链中高端的目标。其次，全球价值链是创新的对外投资方式。全球价值链是我国在“一带一路”上推进的国际产能合作重要平台。如何与相关国家互利共赢，如何提升我国产业和企业的国际竞争力？重要突破口是全球价值链的布局，寻求在全球价值链上的合作。最后，全球价值链是参与全球经济治理的重要载体。在新的经济全球化背景下，参与全球经济治理实际上有两个层面。一是国家层面。参与全球经济治理和公共产品供给，提高我国在全球经济治理中的制度性话语权。其路径和平台包括世界银行、国际货币基金组织、亚洲基础设施投资银行（以下简称“亚投行”）、世界贸易组织等国际经济组织。二是参与全球经济治理的企业层面。这就是参与产业的全球价值链，我国企业处于全球价值链中高端，也就居于全球价值链主导地位。企业层面的经济治理为国家层面的全球经济治理提供经济基础。

第二，提升我国产业在全球价值链中地位的重要性。当代国际竞争突出表现为全球价值链竞争。涉及两个方面：一是全球价值链之间的竞争，是争夺资源和市场的竞争。有多少条以我国企业为主导的全球价值链，反映了我国获取国际资源和市场的能力。二是全球价值链内部的竞争，表现为争夺其中的主导地位和高附加值环节的竞争。我国相当数量的企业处于全球价值链低端环节，处于被主导和低附加值地位。我国作为世界第二大经济体，尤其是明确了现代化的目标后，最为紧迫的任务是改变自己在全球价值链中的从属地位，攀升全球价值链中高端。我国过去基本上是基于劳动力和资源环境的比较优势嵌入全球价值链的，包括以加工贸易方式嵌入生产者驱动的全球价值链，以代工贴牌等方式进入采购者驱动的全球价值链。这么多年来也确实获得了全球价值链的红利。但其缺陷也逐步显示出来：处于价值链低端的加工制造环节、核心技术和关键技术环节不在我国的居多，中国创造部分少，品牌也是用外国的多。特别是经济发展进入现阶段后出现了新问题：一是资源禀赋的比较优势不再具有竞争优势。处于价值链低端的劳动投入附加值低，高产值、低附加值导致勤劳不富裕。尤其是这么多年来劳动成本、土地价格不断上涨不再具有比较优势。一部分主要使用资源和劳动力的外资撤出珠三角、长三角就说明了这方面的问题。二是在全球价值链上的中国企业由于不掌握关键性核心技术，不能自主研发，只能受制于人。新时代现代化任务的提出本身就要求攀升全球价值链中高端。中国企业不能固守过去那样以比较优势嵌入全球价值链的格局，需要谋求在一些产业的全球价值链中的主导地位、附加价值和竞争优势。

第三，依靠创新推动我国产业攀升全球价值链中高端的主要路径。首先，处于全球价值链低端环节的企业要改变自己的地位，就要进行创新。处于底部的加工组装环节要向全球价值链的附加值曲线两端攀升。左边向研发和设计环节延伸，包括科技含量更高的零部件、元器件的加工制造，如汽车、飞机的发动机，高端芯片，手机的智能系统等；右边向销售环节延伸，包括物流、服务等环节，如“互联网+”

提供的跨境电子商务平台。替代全球价值链现有中高端环节的必要条件是有自主知识产权，在技术上符合该价值链标准，甚至比它更高，成本更低。其次，建立已经拥有的高端技术为主的全球价值链。我国已经拥有了一批在世界上处于前沿的高科技及其产品，如高铁、装备制造业、电子信息产业等，也包括服装等传统产业，甚至也有一批“独角兽”企业。这需要我们推动拥有自主知识产权的核心技术的优势产业建立以我国为主导的全球价值链参与国际竞争，依托高端技术建立的全球价值链走出去能够获取更大的全球化利益，避开相关国家的保护主义，并且开发全球生产要素和市场的潜在价值，极大地释放全球生产力。最后，全球价值链低端环节也能转向中高端。在加工组装这类低端环节上，从总体上需要向全球价值链中高端环节攀升，但不可能将现有的低端环节一扫而光，可以在继续保留的低端环节上寻求转型升级之路。可以考虑用机器换人，依靠智能技术降低劳动成本，增加附加值，这样，加工组装环节不再低端。从拉长价值链视角来看，加工组装企业可以利用自身在全球价值链上掌握的技术组建以自己为中心的价值链，从而成为新的价值链的“链主”。

针对习近平所指出的“我国关键核心技术受制于人的局面尚未根本改变，创造新产业、引领未来发展的科技储备远远不够，产业还处于全球价值链中低端”[1]的现状，全球价

① 习近平：《习近平谈治国理政（第二卷）》，外文出版社，2017年版，第203页。

值链的研究应重视产业向拥有核心技术的中高端攀升。核心技术是国之重器，既买不来也讨不来，需要自主创新。产业迈上全球价值链中高端的一个重要含义就是我国的企业能够通过创新和研发进入关键性核心技术环节实现进口替代，从而形成自主可控的全球价值链。

四 中国特色社会主义政治经济学研究

1. 马克思主义经济学中国化研究

我是研究《资本论》出身的，也是受《资本论》理论魅力的吸引而进入经济学研究领域的，我先后作为中央马克思主义研究和建设工程的专家，参与或主持了马克思主义研究和建设工程教材《马克思主义政治经济学概论》和《〈资本论〉导读》的编写。我对马克思主义经济学的研究主要体现在两个方面：一是突出马克思主义经济学传承和创新研究；二是突出马克思主义经济学中国化研究。

早在1999年，我就在《南京大学学报》第4期发表《由批判转向建设——研究〈资本论〉的思路》一文，明确提出在社会主义阶段学习和研究《资本论》需要转变思路，更多地从建设新社会的角度学习和掌握其基本理论和方法。因此我对《资本论》研究的着力点放在寻求指导当今改革和发展的理论渊源。根据经济发展的需要，明确在当前阶段所要保留和运用的《资本论》的经济范畴和原理，本身就是对马克思主义的坚持和发展。按此思路，我领衔编著的《〈资本论〉的现代解析》于2005年由经济科学出版社出版（目前已再版多次）。该书结合我国改革开放和社会主义现代化建设的新实践，联系当今世界经济的新发展，深入研究了马克思主义经济学在当代面临的重大理论和实践问题，在对马克思主义经济理论进行系统梳理的基础上，揭示了马克思主义经济理论的时代特征和现代价值。可以说，这是挖掘马克思主义经济思想宝库的又一次新的和成功的尝试。

《〈资本论〉的现代解析》

2009年，针对由美国次贷危机引发的全球金融危机，我在《经济学家》上发表了论文《虚拟经济及其引发金融危机的政治经济学分析》，根据马克思主义政治经济学原理和分析方法，分析那场发生于现代资本主义国家并蔓延至全球主要国家的金融危机——2007年美国爆发“次贷危机”并引发2008年世界金融危机。这进一步引发我们对经济制度的政治经济学思考。现在，资本主义国家在金融领域爆发的一次次危机，其根本原因仍然没有超出马克思当时的判断。美国最近几次爆发金融危机的事实不仅宣告市场自我调节的失败，而且对作为政府干预理论基础的宏观经济理论提出挑战，从而牵动宏观经济理论的突破：首先，宏观经济的范围扩大到资本市场上的资产价格总水平；其次，虚拟经济领域成为市场失败的主要方面。

马克思主义政治经济学是中国特色社会主义理论的重要理论基础，中国特色社会主义经济理论是马克思主义经济学中国化的成果。在新的历史条件下，应该深入总结新中国成立60年以来特别是改革开放30年来社会主义经济建设以及改革开放的历史经验，进一步推进马克思主义政治经济学的创新与中国化[1]。马克思创立的政治经济学对未来社会基本特征的设想或基本规定性，对后来社会主义国家的实践起了方向性指导作用。但有两个方面原因仍然需要中国的创造。一方面，马克思当时预见的社会主义经济制度与现实的社会主义实践存在很大的差别。另一方面，马克思当时只是规定未来社会的基本特征，并没有对未来社会的经济体制作具体规定。因此现实的社会主义经济制度和经济体制的中国创造过程，就是马克思主义关于社会主义的基本原理与中国实践的结合过程，也是马克思主义政治经济学的现代化和中国化的过程。

我对马克思主义经济学中国化的研究强调了三个观点：首先，以发展社会生产力为目标建立社会主义的经济学理论。实践马克思关于社会主义规定性的基本途径，是创造实现这些规定性的经济条件，特别是依靠发展生产力创造实现社会主义规定性的物质基础。解放和发展生产力，增进国民财富，达到共同富裕，是政治经济学研究的使命。其次，从

① 洪银兴：《发展马克思主义政治经济学的几个问题》，《政治经济学评论》2010年第1期。

实际出发探寻社会主义初级阶段的经济制度。经典的社会主义经济制度是在发达的资本主义社会基础上建立起来的。实践中的社会主义不是产生于发达的资本主义社会，而是处于社会主义初级阶段，生产力水平不高，社会主义生产关系也不成熟。这样，政治经济学的历史任务就是对社会主义初级阶段的经济规律进行研究，探求社会主义初级阶段的基本经济制度及其实现形式。最后，总结我国社会主义经济建设的实践，构建中国特色社会主义经济理论体系。依据中国特色社会主义理论体系，全面总结我国社会主义建设的经验和教训，特别是改革开放以来中国特色社会主义建设的成功实践，包括中国特色的新型工业化道路、中国特色的农业现代化道路、中国特色的城镇化道路。在此基础上构建中国特色社会主义经济理论体系，就成为政治经济学的现实任务。

2. 中国特色社会主义政治经济学的学科定位

政治经济学有社会主义部分，中国特色社会主义政治经济学是否就是政治经济学的翻版呢？尽管有联系，但不能直接画等号。中国特色社会主义政治经济学概念的提出有特定的含义：第一，它是对中国特色社会主义经济制度、经济发展道路进行理论概括的系统性经济学说。第二，它是对十八大以来以习近平同志为核心的党中央治国理政理念的理论总结。构建中国特色社会主义政治经济学需要以改革和发展的重大问题为导向，既要坚持马克思主义基本原理和方法论，又要结合我国经济发展实际，不断形成充分体现中国特色、中国风格、中国气派的经济学理论成果。①

构建中国特色社会主义政治经济学的学科体系需要明确其学科定位。②

（1）中国特色社会主义政治经济学属于马克思主义政治经济学，继承了马克思主义政治经济学的范式。中国特色社会主义政治经济学不是简单地复制马克思主义政治经济学的理论，而是依据中国特色社会主义经济建设和改革开放的实践进行了理论创新，在继承其范式的基础上发展：第一，就基本立场来说，中国特色社会主义政治经济学以人民为中心，服从于人民的福祉和共同富裕。第二，就研究对象来说，仍然是研究在一定生产力水平基础上的生产关系，但着重研究处于社会主义初级阶段的生产关系。第三，就基本任务来说，仍然是阐述经济规律，但更多的是阐述社会主义初级阶段的经济规律。第四，就方法论基础来说，坚持唯物辩证法和历史唯物主义，尤其是突出两点论。但不排除对当代新方法的应用（如数学和模型分析方法）。

（2）中国特色社会主义政治经济学是马克思主义经济学中国化的成果。面对所要建设和发展的社会主义经济，中国特色社会主义政治经济学需要根据时代赋予的使命研究新问题，发现新规律，概括新理论，不断进行理论创新。这个过程是马克思主义经济学中国化时代化的过程，突出表现在：第一，从

① 洪银兴：《关于中国特色社会主义政治经济学理论体系建设的几个问题》，《人文杂志》2017年第12期。

② 洪银兴：《以创新的理论构建中国特色社会主义政治经济学的理论体系》，《经济研究》2016年第4期。

时空观分析，马克思所预见的社会主义经济同资本主义经济是在时间上继起的两个社会。而现今时代，社会主义和资本主义空间并存。马克思主义经济学中国化面对的课题是—— 一方面，两种不同性质的经济有共同的经济活动背景，许多经济组织、方式、规则和秩序在形式上有相同之处，其中不乏相互学习之处。另一方面，共存的不同所有制性质的经济彼此间存在着矛盾和竞争。马克思主义经济学中国化的任务，不仅需要阐述社会主义经济制度的优越性，更要寻求增强社会主义经济的竞争力和影响力并最终战胜资本主义的途径。第二，从物质基础分析，马克思当时认为，发达的资本主义是社会主义的入口，这与发达的生产力水平相关。而我国虽然经过国家工业化建设，但生产力水平还落后于发达的资本主义国家，因此社会主义的物质基础没有完全建立起来，发展社会主义需要经过一个社会主义初级阶段。这个阶段发展社会主义的根本任务是发展生产力，与此相应的是，在社会主义初级阶段的社会主义不是完全消灭私有制，恰恰要在公有制为主体的前提下利用多种私有制经济发展生产力。

（3）中国特色社会主义政治经济学是新的历史时期创新的经济学说。中国特色社会主义发展的新实践会推动从经济学理论上提炼和总结经济发展实践的规律性成果，把实践经验上升为系统化的经济学说。实现新时期的新任务不能犯颠覆性错误，需要科学的理论指导。这就要求中国特色社会主义政治经济学以问题为导向，既要坚持马克思主义基本原理和方法论，又要同我国经济发展实际相结合，不断形成并认同新的理论成果。

概括起来，中国特色社会主义政治经济学在阶段性上的学科定位：在生产关系上属于社会主义初级阶段的政治经济学，在生产力上属于中等收入发展阶段的政治经济学。在功能上的学科定位：作为政治经济学，它提供一种意识形态，分清社会主义和资本主义，但不仅仅是意识形态，它还提供基本的经济学理论；它提供思想教育教材，建立社会主义的制度自信、道路自信和理论自信，但不仅仅是思想教育教材，还要为我国的经济决策和政策制定提供经济理论指导；它要批判各种非马克思主义经济思潮，但不仅仅是当批判家，还要当中国特色社会主义经济的建设者。①

正因为如此，它保持了在经济学中的主流地位，并且保持了对中国改革和发展的指导思想的理论基础地位。

3. 中国特色社会主义政治经济学的新时代特征②

时代特征与政治经济学研究的问题导向相关。所谓问题导向，最重要的是所处时代的重大发展问题导向，并作出科学回应。中华人民共和国成立，中国进入“站起来”的时代；改革开放，中国进入“富起来”的时代；现在正在进入“强起来”的时代。基于以人民为中心的基本立场，中国特色社会主义政治经济学的时代特征主要表现在以下三个方面：

第一，社会主义本质规定的新时代特征。我国的改革

① 洪银兴：《关于中国特色社会主义政治经济学理论体系建设的几个问题》，《人文杂志》2017年第12期。

② 洪银兴：《中国特色社会主义政治经济学发展的最新成果》，《中国社会科学》2018年第8期。

一开始邓小平就提出关于社会主义本质规定。邓小平指出共同贫困不是社会主义，社会主义的本质，是解放生产力，发展生产力，消灭剥削，消除两极分化，最终达到共同富裕。与此相应实行允许一部分地区一部分人先富起来的大政策。其显著效果是，我国经济社会发展活力不断增强，人民生活水平普遍提高，也就是富起来了。但也出现了收入差距日益扩大的问题。中国特色社会主义进入新时代后，面对新的发展问题，习近平指出："消除贫困、改善民生、实现共同富裕，是社会主义的本质要求，是我们党的重要使命。"[①]这个规定，不仅继承了邓小平关于社会主义本质的规定，而且针对收入差距扩大的新问题，把着力点放在消除贫困，改善民生，实现共同富裕上，也就是说关注的不只是一部分人而是全体人民的富裕。这是以人民为中心的现实体现。与此相联系，习近平又提出共享发展的理念，要求实现发展成果的全民共享，充分体现了社会主义本质要求。按照共享发展理念，经济发展不是为少数人、一部分人服务，而是全体人民在发展中共享、在共享中发展，在民生改善中有更多获得感。尤其是扶贫攻坚。几千万人口的脱贫直接影响人民群众对全面建成小康社会的满意度，国际社会对我国全面建成小康社会的认可度。党的十八大以后，我国打响了脱贫攻坚战，深入实施精准扶贫、精准脱贫，取得显著成就。很显然，进入新时代后习近平关于社会主义本质的新规定应该成

① 习近平：《习近平谈治国理政（第二卷）》，外文出版社，2017年版，第83页。

为中国特色社会主义政治经济学的指导思想。

第二，社会主要矛盾的新时代特征。社会主要矛盾的判断直接影响社会经济发展的方向和重点。党的十一届三中全会结束了“以阶级斗争为纲”的错误方针。后来的社会主义初级阶段理论明确我国的社会主要矛盾是人民日益增长的物质文化需要同落后的社会生产之间的矛盾。指引富起来的政治经济学关注这个矛盾的主要方面，即针对落后的社会生产着力于发展生产力。进入新时代后，虽然仍处于社会主义初级阶段，但社会主义初级阶段的主要矛盾也有新时代特征。社会主要矛盾转化主要基于两个方面：一方面我国告别了低收入阶段进入了中等收入阶段，人民生活水平显著改善，人民群众的需要已经不只是数量上的“日益增长的物质文化需要”，而是在质量上的“日益增长的美好需要”。另一方面，经过改革开放以来的发展，我国社会生产力水平明显提高，社会生产能力在很多方面进入世界前列，过去主要矛盾表述的“落后的社会生产”已经不能反映我国经济社会发展的实际。面对这种新变化，习近平新时代中国特色社会主义经济思想适时提出社会主要矛盾已经转化为人民日益增长的美好生活需要和不平衡不充分的发展之间的矛盾。从两点论分析，所谓美好生活的需要，不仅涉及对物质的美好生活需要，还涉及对政治、社会、生态和文化等方面的美好生活需要。其突出表现是消费水平进入中高端消费阶段，不仅是中高端人群的消费，更是在满足基本生活需要后的中高端层次的消费需要，涉及质量、安全、卫生、健康等层次的消费需求。所谓不能满足美好生活需要的，由过去落后的社会生产转变为不平衡不充分的发展。

中国特色社会主义政治经济学依据两点论和重点论的分析方法研究解决新时代社会主要矛盾的路径。根据重点论，社会主要矛盾分析更为关注矛盾的主要方面。如果说，过去面对人民日益增长的物质文化需要同落后的社会生产之间的矛盾，政治经济学分析的着力点在改变生产的落后面貌，则以新时代社会主要矛盾为主线的中国特色社会主义政治经济学分析的着力点是解决发展的不充分不平衡问题。解决发展的不充分问题，最为突出的是解决由创新能力不足产生的核心技术供给不充分、由供给体系质量不高产生的有效供给不足等问题。解决发展的不平衡问题，主要是补短板，涉及补农业现代化的短板、地区发展不平衡的短板、生态环境的短板。协调发展就是要补齐短板。显然，反映时代特征的中国特色社会主义政治经济学应该以新时代社会主要矛盾分析作为出发点和主线。

第三，发展目标的新时代特征。根据习近平新时代中国特色社会主义经济思想，新时代的总任务是实现社会主义现代化和中华民族伟大复兴。这也是构建中国特色社会主义政治经济学的总任务。基于第一个“一百年奋斗目标”即将实现，党的十九大绘制了分两步走在21世纪中叶建成富强民主文明和谐美丽的社会主义现代化强国的蓝图。现代化研究就成为中国特色社会主义政治经济学在新时代的任务。基于在新时代推进的现代化是以人民为中心的社会主义现代化要求，第二个一百年也是分两步走。第一个15年基本实现现代化是要使人民生活更为宽裕，第二个15年全面现代化时人民生活更加幸福安康。从小康到宽裕再到幸福安康，就是以人民生活水准为标准的发展进程。不仅如此，还有明确的共同富裕实现进程的安排：基本实现现代化阶段，城乡区域发展差距和居民生活水平差距显著缩小，而到全面现代化阶段，全体人民共同富裕基本实现。显然，社会主义现代化就是共同富裕逐步实现的过程。这是以人民为中心发展观的具体体现，也是推动进入强起来时代的重要标志。

4. 中国特色社会主义政治经济学的话语体系

习近平总书记明确指出，中国特色哲学社会科学要把握好三方面资源：一是马克思主义的资源，包括马克思主义基本原理，马克思主义中国化形成的成果及其文化形态。二是中华优秀传统文化的资源，这是中国特色哲学社会科学发展十分宝贵、不可多得的资源。三是国外哲学社会科学的资源，包括世界所有国家哲学社会科学取得的积极成果，这可

在第二届洪银兴经济学奖颁奖典礼暨学术研讨会上合影

以成为中国特色哲学社会科学的有益滋养。这三方面同样是中国特色社会主义政治经济学的理论资源。

马克思主义政治经济学尤其是《资本论》提供中国特色社会主义政治经济学话语体系。[①]有人认为马克思《资本论》是分析资本主义的，其范畴基本上都是反映资本主义生产关系的。其实不然，既然承认中国特色社会主义政治经济学属于当代中国马克思主义经济学，为什么其建立的经济学范畴都不用呢？最明显的例子是国有资本概念。有相当长的时间我们不敢用国有资本概念，试图用国有资产、国有资金的概念去替代，但总不科学准确。最终还是使用了国有资本的概念，当然国有资本的资本范畴不再具有雇佣劳动的性质规定。如果中国特色社会主义政治经济学中连马克思主义经济学中使用的范畴和原理都不敢用，何来当代中国的马克思主义政治经济学呢？关键是使用《资本论》中相关概念时要赋予其生产关系方面的规定。

《资本论》对中国特色社会主义政治经济学理论和话语体系建设涉及以下方面：第一，《资本论》中建立的系统的经济学范畴。尤其是关于生产关系的话语系统，包括公有制和私有制在内的各种所有制形式及其特征，各类经济规律，工资、地租、利息等分配范畴，是中国特色社会主义经济理论体系中的核心范畴。第二，《资本论》对未来社会的预见和规定。马克思对替代资本主义社会后的未来社会作出了合

① 洪银兴：《〈资本论〉和中国特色社会主义经济学的话语体系》，《经济学家》2016年第1期。

乎逻辑的预测，其中有对社会主义经济制度的规定，如公有制、按劳分配、按比例分配社会劳动等。第三，《资本论》阐述的市场经济的基本原理，成为社会主义市场经济的话语体系。如商品货币理论、竞争理论、资本循环和周转理论、社会总产品实现条件理论、流通费用理论、地租理论、信用经济理论、虚拟资本理论、经济周期理论等。第四，以《资本论》原理说明中国特色社会主义经济，包括以生产力和生产关系的话语体系说明社会主义初级阶段及其基本经济制度，以商品经济和价值规律的话语体系说明社会主义市场经济，以生产关系和分配关系的话语体系说明社会主义初级阶段的分配制度，以解放、发展和保护生产力的话语体系说明新阶段的经济发展。除此以外，列宁的《帝国主义论》中的一些话语也可用于中国特色社会主义经济分析，例如关于金融资本和垄断的话语。当然，上述话语体系进入中国特色社会主义政治经济学需要有个中国化、时代化的过程，尤其是马克思当时使用的范畴和原理其所体现的生产关系规定需要时代化。

《资本论》不能穷尽真理。中国特色社会主义经济实践更为丰富多彩，相应的政治经济学话语体系需要在实践中创新：新的实践需要创新的话语，讲中国故事，需要新的理论概括，新的经济范畴，体现中国智慧。不可否认的是，有许多新范畴与《资本论》有着内在联系，如市场经济同商品生产和交换理论、产权制度同所有制理论、混合所有制同股份公司理论、虚拟经济同虚拟资本理论、资源配置同社会总劳动时间分配理论、金融制度同信用经济理论、生产要素参与分配同要素所有权理论、创新理论同科学及其应用理论、协调发展同社会再生产理论等。

开放的世界，中国特色社会主义政治经济学不是封闭的而是开放的，包括向西方经济学的开放。当代中国经济学与当代西方经济学面对共同的经济背景，尤其是在经济全球化的背景下中国要参与并且主导全球经济治理，需要有共同的话语使中国经济学走出去。面对市场经济，也会有共同的话语，发展中国家谋求发展，也会有共同的话语。知识无国界。因此中国特色社会主义政治经济学需要批判地吸收世界成熟的经济学理论，不仅用于比较和交流，还可推动中国的经济学走向世界。

中国特色社会主义政治经济学完全排斥西方经济学的概念也是不现实的。现实的中国特色社会主义经济本身就包含了非公有制经济的混合，为什么作为其理论概括的中国特色社会主义政治经济学就不能有相应的理论的混合呢？在坚持社会主义核心价值观的前提下，中国特色社会主义政治经济学有选择地借鉴西方经济学理论和范畴是建立在对自身的制度自信、道路自信和理论自信基础上的。目前在中国特色社会主义政治经济学中使用较多的西方经济学理论，包括资源配置理论、二元结构理论、中等收入陷阱理论、全要素生产率理论、可持续发展理论、知识经济理论、国家创新体系理论、经济全球化理论等。当然，这些西方经济学的范畴和原理进入中国特色社会主义政治经济学需要有批判地吸收并与中国实际问题结合。特别是要在反映的制度性质和中国的基本国情方面进行中国化改造。

5. 以创新的经济发展理论阐释中国经济发展[①]

当代中国经济面临的重大问题是发展问题。中国的发展需要中国的理论指导。对中国经济发展问题的研究应该也可以包含在中国特色社会主义政治经济学理论体系之中。而要做到这一点，需要解决三个方面的理论问题：第一，中国特色社会主义政治经济学的研究对象需要包含经济发展问题；第二，经济发展理论的话语体系必须符合政治经济学的学术规范；第三，需要从学理上对改革开放和社会主义现代化建设实践经验进行系统总结，回应我国进入中等收入发展阶段后的重大发展问题，由此形成中国特色的系统化的经济发展新理论。

经济发展理论要成为中国特色社会主义政治经济学的重要组成部分，需要明确生产力成为政治经济学的研究对象。近年来，虽然政治经济学研究者已经开始重视生产力的研究，但是，政治经济学的教科书对研究对象的表述都还是明确为生产关系，对生产力的研究只是处于“被联系”的地位，即联系生产力来研究生产关系。实践证明，面对社会主义经济，只是以生产关系为对象，不以生产力为研究对象，政治经济学就难以科学地指导中国的经济发展，最终把自己边缘化了。

中国特色社会主义政治经济学把生产力直接作为研究对

① 洪银兴：《以创新的经济发展理论阐释中国经济发展》，《中国社会科学》2016年第11期。

象的必要性在于：第一，由社会主义的发展任务决定。无产阶级夺取政权以后的任务是要“尽可能快地增加生产力的总量。”[①]高于资本主义条件下的劳动生产率是社会主义战胜资本主义的条件。经济落后的国家在进入社会主义社会后，社会主义替代资本主义的最大的制约是生产力落后，而不是生产关系的落后。第二，由社会主义所处阶段决定。处于初级阶段的社会主义的本质就是解放和发展生产力，消灭剥削，消除两极分化，逐步达到共同富裕。第三，由中国特色社会主义的实践决定。中国用不太长的时间从贫穷落后的农业大国一跃成为世界第二大经济体；近十四亿人口不仅摆脱了贫困，而且即将一个不少地全面进入小康社会；中国的经济增长率即使进入中高速增长的新常态仍然处于世界前列，并成为世界经济的动力源。对此成功实践，只有以发展生产力为任务的经济学才能准确地作出解释。基于以上分析，中国特色社会主义政治经济学的研究对象应该明确为相互联系的生产力和生产关系。这是以人民为中心的经济学自身的要求。

研究生产力，研究什么？邓小平说：一个是解放生产力，一个是发展生产力，需要把两个方面讲全了。习近平同志又提出“牢固树立保护生态环境就是保护生产力、改善生态环境就是发展生产力的理念”[②]。这样，中国特色社会主义政治经济学对生产力的研究就有三个层次的内容：

① 中共中央马克思恩格斯列宁斯大林著作编译局：《马克思恩格斯文集》第8卷，人民出版社，2009年版，第52页。

② 2013年5月，习近平总书记在中央政治局第六次集体学习时的讲话。

一是解放生产力，二是发展生产力，三是保护生产力。从广义上说，保护生产力属于发展生产力范围，但针对我国在发展生产力的过程中，突出存在的破坏环境和生态的问题，有必要将保护生产力独立出来作为政治经济学研究的一个重要方面。这样，中国特色社会主义政治经济学理论体系的构建，就是要建立解放、发展和保护生产力的系统化的经济理论。这三个方面合起来就是经济发展理论。这样，经济发展理论就成为中国特色社会主义政治经济学的重要组成部分。中国特色社会主义政治经济学理论体系包含经济发展理论，是中国特色社会主义政治经济学理论体系的重大拓展。

问题导向是马克思主义的鲜明特点。作为研究导向的问题与所处的发展阶段密切相关。正如恩格斯所说，每一个时代的理论思维，都是一种历史的产物，“它在不同的时代具有完全不同的形式，同时具有完全不同的内容”[①]。建立中国特色的经济发展理论需要从当代中国所处的发展阶段出发。中国特色社会主义政治经济学在生产关系层面上明确了处于社会主义初级阶段的生产关系，由此创新的理论正确地指导了我国30多年的改革开放。在生产力层面上同样需要明确我国当前所处的经济发展阶段。因为处于什么阶段就有什么样的发展目标、什么样的发展方式、什么样的发展环境以及什么样的发展动力。具体地说，经济发展处于低收入阶

① 中共中央马克思恩格斯列宁斯大林著作编译局：《马克思恩格斯选集》第4卷，人民出版社，1995年版，第284页。

段、中等收入阶段或高收入阶段，发展理论的内容是不完全一样的。与过去的低收入阶段相比，中等收入阶段提出了一系列重大的发展问题，回应这些发展问题，意味着低收入阶段的一些发展理论不再适用，需要进行理论创新。首先是中高速增长的可持续问题。进入中等收入阶段，我国的增长速度转向中高速是不可避免的，但中高速得以可持续并建立在质量和效率基础上需要科学的理论指导。其次是跨越“中等收入陷阱”。实践证明，并不是所有的国家和地区都会陷入这个陷阱。意识到了这个陷阱，就需要在正确的发展理论指导下通过发展来跨越它。最后是补齐发展的短板。中国特色的现代化是新型工业化、信息化、城镇化、农业现代化四化同步的现代化。全面建成的小康社会是惠及全体人民的小康，而且全面小康涉及经济、社会、文化、政治和生态各个方面的协调发展，在实践中存在诸多短板。进入中等收入阶段以后，需要根据共享和协调的要求补齐如下短板：第一，补齐农业现代化这个短板；第二，补齐农村发展的短板以克服城乡二元结构；第三，补齐贫困地区和贫困人口的短板；第四，补齐生态文明的短板。这些短板不补齐，很难进一步推进现代化。

6. 新发展理念的政治经济学意义

基于对新时代客观规律的深刻认识，习近平总书记提出了创新、协调、绿色、开放、共享的新发展理念。新发展理念不仅是对我国当前和今后一个时期经济社会发展的战略指引，而且推动了政治经济学理论的一系列创新。[①]

创新是引领发展的第一动力。这对政治经济学来说涉及发展驱动力理论创新。在经济发展的不同阶段，驱动力是不一样的。最初是要素驱动，是指主要依靠土地、资源、劳动力等生产要素的投入推动经济增长。接下来是投资驱动，是指依靠持续的高投资（以低消费为基础）推动经济增长，这种驱动力一般适用于低收入条件下推动经济起飞。中国进入新时代的一个重要标志就是习近平所讲的，从要素驱动、投资驱动转向创新驱动。一方面支持物质资源高投入的要素供给到了极限，要素驱动难以为继。另一方面居民不能继续忍受低收入和低消费水平来支持高投资，投资驱动不可持续。在此背景下，创新成为发展的第一动力。作为驱动力的创新包含多方面，其核心是科技创新。科技创新的着力点是创新处于国际前沿的核心技术。针对“我国关键核心技术受制于人的局面尚未根本改变，创造新产业、引领未来发展的科技储备远远不够，产业还处于全球价值链中低端”[②]的现状，习近平强调核心技术是国之重器，既买不来也讨不来，需要自主创新。既需要基础研究以研发核心高新技术为导向，也需要推动占领产业制高点的产业创新。将科技创新与产业创新融合，就是要打通从科技强到产业强、经济强、国家强的通道，解决好从“科学”到“技术”转化，建立有利于创新

① 洪银兴：《中国特色社会主义政治经济学发展的最新成果》，《中国社会科学》2018第8期。

② 习近平：《习近平谈治国理政（第二卷）》，外文出版社，2017年版，第203页。

成果产业化的机制和通道。这就要求中国特色社会主义政治经济学加强对国家创新体系的研究。

协调是持续健康发展的内在要求。这对政治经济学来说，涉及发展战略理论创新。基于发展中国家发展要素缺乏的现实，发展中国家通常采取不平衡发展战略推动发展，如我国实施的允许一部分地区先富起来的政策。其初期发展效果也很明显，但随之而来的不平衡、不协调问题会影响高质量发展。进入新时代后，习近平指出："协调既是发展手段又是发展目标，同时还是评价发展的标准和尺度，再比如，协调是发展两点论和重点论的统一。"①协调是经济持续健康发展的内在要求。马克思的社会再生产理论可以归结为协调发展理论，是马克思主义政治经济学的重要组成部分。协调是发展的目标，意味着经济发展的目的并不是经济增长在数量上的累积，而是追求经济、社会、人与自然等多个方面的平衡发展。协调是发展的手段，意味着发展离不开协调，协调能够促进国家实现更高层次的发展，提高发展的整体水平，注重发展的平衡性、系统性与可持续性。协调同时还是评价发展的标准和尺度。因此，协调也就成为高质量发展的评价标准。根据协调发展的理念，经济发展转向平衡战略，涉及产业、城乡、区域等方面平衡发展。

绿色是永续发展的必要条件和人民对美好生活追求的重要体现。这对政治经济学来说，涉及财富理论创新。政

① 中共中央文献研究室：《习近平关于社会主义经济建设论述摘编》，中央文献出版社，2017年版，第35页。

治经济学需要研究财富的积累。长期以来，人们把财富只是理解为物质财富。工业文明时代人类利用工业化的文明成果对大自然加以索取和掠夺，造成自然界生态平衡的破坏和人与自然关系的恶化。对此，习近平总书记深刻指出："人类社会在生产力落后、物质生活贫困的时期，由于对生态系统没有大的破坏，人类社会延续了几千年。而从工业文明开始到现在仅三百多年，人类社会巨大的生产力创造了少数发达国家的西方式现代化，但已威胁到人类的生存和地球生物的延续。"[①]中国特色社会主义所处的新时代，是由工业文明转向生态文明的时代。绿色发展的理念包含财富观的创新，"绿水青山就是金山银山"。干净的水、清新的空气、多样性的生物、绿色的环境是宝贵的生态财富。这种财富观体现人与自然和谐共生问题。经济发展不仅要谋求物质财富，还要谋求生态财富。不能为谋求物质财富而牺牲生态财富。就如习近平同志指出的，"牢固树立保护生态环境就是保护生产力、改善生态环境就是发展生产力的理念"。新时代的绿色发展理念不仅仅是保护环境和生态问题，还要治理和改善过去的发展所遗留的环境生态问题，提供人民美好生活所需要的高质量的生态产品。

开放是国家繁荣发展的必由之路。这对政治经济学来说，涉及开放型经济理论的创新。改革开放以来指导开放的经济理论突出利用国际国内两个资源两个市场。即使在发达国家主导的经济全球化背景下，中国的开放仍然获得了全球

① 习近平：《之江新语》，浙江人民出版社，2013年版，第119页。

化的红利。现在的开放型经济也进入了新时代。与某些发达国家推行反全球化政策相反，作为世界第二大经济体的中国扛起了继续推动全球化的大旗。新时代的开放型经济就是要根据习近平建立人类命运共同体的思想，建立高质量的开放型经济体系。主要表现是：①与过去重在引进不同，开放战略坚持引进来和走出去并重，利用自由贸易区等开放载体，形成陆海内外联动、东西双向互济的开放格局。②服从于创新驱动发展战略，引进国外要素的着力点将转向创新要素，进行开放式创新。③与过去以资源禀赋的比较优势被嵌入全球化不同，参与全球化分工将以比较优势转向竞争优势，着力培育以技术、品牌、质量、服务为核心竞争力的新优势。④与过去以禀赋的比较优势嵌入全球价值链不同，重视我国产业在全球价值链地位的提升，争取在价值链中的主导地位，并且依托核心技术建立以我国为主的全球价值链，形成面向全球的贸易、投融资、生产、服务的价值链，培育国际经济合作和竞争新优势。⑤与过去偏重制造业对外开放不同，现在是各个产业全方位开放，尤其是服务业的对外开放。随着人民币国际化和汇率市场化的推进，亚投行等金融机构作用的增强，中国在世界经济中的地位就有金融支撑。⑥与过去基于沿海地区，面向海洋、面向发达国家不同，现在需要在提升向东开放的同时，推进与“一带一路”沿线国家合作，加快向西开放步伐，推动内陆沿边地区成为开放前沿。归结起来，就是在更大范围、更宽领域、更深层次上提高开放型经济水平。

共享是中国特色社会主义的本质要求。这对政治经济学来说，涉及共同富裕理论创新。马克思预见的未来社会中，“生产将以所有人的富裕为目的”[①]。改革开放开始以后，针对长期的平均主义产生的共同贫困，邓小平最早提出了允许一部分地区一部分人先富起来的大政策，实际上创造了通过先富后富的差别最终实现共同富裕的道路。当时邓小平就预言到一定阶段（实现小康）就要提出先富帮后富问题。进入新时代就到了这个阶段。习近平提出了共享发展的理念。这就是他在党的十八届五中全会提出的：“必须坚持发展为了人民、发展依靠人民、发展成果由人民共享，作出更有效的制度安排，使全体人民在共建共享发展中有更多获得感。”全民共享是目标，全面共享是内容，共建共享是基础，渐进共享是途径，核心是共享发展成果。“落实共享发展理念，归结起来就是两个层面的事。一是充分调动人民群众的积极性、主动性、创造性，举全民之力推进中国特色社会主义事业，不断把‘蛋糕’做大。二是把不断做大的‘蛋糕’分好，让社会主义制度的优越性得到更充分的体现，让人民群众有更多获得感。”[②]从马克思关于共同富裕的目标提出，到改革初期确定允许一部分地区一部分人先富起来的大政策，直至习近平提出共享发展理念，形成了完整的社会主义条件下实现共同富裕的理论体系。

新发展理念是习近平新时代中国特色社会主义经济思

① 中共中央马克思恩格斯列宁斯大林著作编译局：《马克思恩格斯文集》第8卷，人民出版社，2009年版，第200页。

② 中共中央文献研究室：《习近平关于社会主义经济建设论述摘编》，中央文献出版社，2017年版，第43页。

想的主要内容，也是新时代中国社会主义经济建设的科学指南。新发展理念不仅是指引中国走向富强的理论之魂，也是指导建构新时代中国特色社会主义政治经济学的经济发展理论之魂。

最后说一点人生感悟：从插队知识青年、俄语专业的本科生跳槽到经济学领域，我在完成“人生转身”的同时取得了一些学术上的成就。这些成就归功于伟大的改革开放时代，归功于导师的教导、指引。除此之外，我觉得始终保持勤奋、谦虚、执着、勇于创新、奋力探索的精神，也是我得以不断前进的原因所在。

附录

主要学术成果

从比较优势到竞争优势[①]

——兼论国际贸易的比较利益理论的缺陷

适应经济增长方式由粗放型向集约型的转变，我国的出口贸易和利用外资也要由单纯追求数量增长转向追求质量和效益。要实现这个转变，必须解决一个重大理论问题，就是如何认识和发挥自己的优势。通常的理论是依据传统的比较利益理论强调自己的自然资源和劳动资源相对丰富的比较优势。与此相应，在国际贸易战略上突出劳动密集型产品出口。本文的研究表明，单纯的比较优势，不一定能成为竞争优势。注重质量和效益的对外贸易不能停留在现有的比较优势上，需要将这种比较优势转化为竞争优势。

1. “比较利益陷阱”

长期以来，指导国际分工，从而说明国际贸易的基本理论是比较利益理论。按照比较利益理论，国际交换之所以必要，是因为存在国际分工，国际分工使得各个国家专业化地生产最适合本国生产的产品，通过国际贸易可使贸易双方获得更大的福利。各个国家进行国际分工的标准是什么呢？是古典学派李嘉图在19世纪所说的比较成本，赫克歇尔在1919年、俄林在1933年所说的资源禀赋。

比较成本理论是指，不同国家生产不同产品存在着劳动生产率的差异或成本的差异，各国分工生产各自具有相对

① 本文原载于《经济研究》1997年第6期。

优势（劳动生产率较高或成本较低）的产品，尽管一个国家（一般是落后国家）具有相对优势的产品的成本可能会高于另一国家（一般是发达国家）不具有相对优势的同一产品的成本。

资源禀赋学说是指，各个国家的资源禀赋存在差异，有的劳动资源丰富，有的自然资源丰富，有的资本资源丰富。各个国家分工生产使用本国最丰富的生产要素的产品，经过国际贸易，各国获得最大的福利。

比较利益结构的核心是一国产业的比较优势。各个国家按照比较利益原则加入国际分工，从而形成对外贸易的比较利益结构。在人们的观念中，发展中国家缺资本和技术，而有自然资源和劳动力资源丰富而便宜的优势。发达国家则具有资本和技术资源丰富的优势。因此，比较利益的贸易格局是：发达国家进口劳动密集型和自然资源密集型产品，出口资本和技术密集型产品；发展中国家则进口资本和技术密集型产品，出口劳动密集型产品。我国目前的进出口结构基本上是这种格局。进口结构基本上是以技术密集的设备为主，出口结构则是以劳动密集产品为主。其中占出口第一位的纺织、服装明显属劳动和资源密集的产品。

应该说，出口劳动密集型产品可发挥我国劳动力资源丰富的优势。这也反映我国目前的经济发展水平：我国能够大批量进入国际市场的还是劳动密集型产品，进入国际市场相对成本较低的也是劳动密集型产品。现在需要研究的问题主要在于，这种贸易结构能不能长期化，我国的劳动密集型产品在国际竞争中是否具有竞争优势？

早在20世纪50年代初，诺贝尔经济学奖得主列昂惕夫就以美国为例对俄林等人所谓的“资源禀赋说”提出了挑战。根据他的投入产出模型，美国作为资本和技术充裕的发达国家，本应进口劳动密集型产品，出口资本密集型产品。而事实上是相反的，于是在国际经济学界出现所谓的“列昂惕夫之谜”。经济学家对这个谜有各种各样的解释。有一点已非常明确，这就是劳动密集型产品和资本密集型产品主要不是用产品本身来区分的，而是用投入要素来区分的。就是说，同样一种产品，在发展中国家可能是以密集的劳动生产的，在发达国家可能是以密集的资本生产的。就像服装、鞋帽、玩具、食品之类，就产品来说看来是劳动密集型产品，而在许多发达国家可能是资本密集型产品，或者说在这些国家，虽然也要用到较多的劳动，但这些劳动也是由较多的资本结合进生产过程的，因而可能有更高的劳动生产率。发展经济学家克鲁格依据俄林等人的资源禀赋理论说明了这种情况。她说：“如果两个国家生产同一种商品，但在它们之间不存在要素租金均等化，那么，资本丰裕的国家相对劳动力丰裕的国家会使用资本比较密集的生产技术，并且前者的工资/租金比率也将高于后者。”①

在劳动密集型产品市场上，面对发达国家资本对劳动的替代，发展中国家的劳动密集型产品并不具有竞争优势。而且，虽然发展中国家劳动密集型产品因其工资低而劳动成

① 安妮·克鲁格：《发展中国家的贸易与就业》，上海人民出版社，1996年版，第67页。

本较低，但发达国家面对国内充分就业的压力，会以各种壁垒阻碍廉价的劳动密集型产品进入。这势必又出现比较利益“陷阱”：在劳动密集型产品和技术密集型产品的贸易中，以劳动密集型和自然资源密集型产品出口为主的国家总是处于不利地位。事实上这种问题已经发生，就如我国的纺织品出口就已经在很大程度上受到美国的限制。

进一步分析还可以发现比较利益理论本身的局限性。比较利益理论所讲的比较成本是对本国的产品进行比较而言的，不意味着本国比较成本低的产品在国际竞争中就一定具有竞争优势。根据现代国际商务理论，在国际竞争中具有竞争优势的是在国际市场上具有垄断优势的资源和产品。无论是以劳动生产率差异为基础的比较成本说，还是以生产要素供给为基础的资源禀赋说，其比较利益的前提是各国的供给条件、生产条件不可改变，资源、生产要素不能在各国间流动。在这种假设条件下，具有比较优势的资源及其产品才可能具有垄断优势。问题是在现阶段，随着全球经济一体化的发展，这些假定条件已经改变。首先，在当今商品经济国际化的条件下，生产要素、资源可以在国际流动。其次，在新技术革命浪潮推动下，经过投资和新技术的采用，自然资源可以被改良、再造，也可以被新材料所替代；经过人力投资，劳动力的技能和素质的提高，又可克服劳动力数量不足的矛盾。所有这些表明，除了一部分原料生产国，特别是石油输出国外，大部分发展中国家所具有的自然资源和劳动力资源的比较优势，在国际竞争中已不具有垄断优势。以本国拥有的资源的相对优势来确定自己的国际贸易结构，虽然能获得贸易利益，但不能缩短自己与发达国家的经济差距。显然，在新的国际经济的背景下，依据自己的经济发展水平调整自己在国际分工中的比较利益结构，是国际竞争新格局对我们这样的发展中国家的强制。

克鲁格分析按资源禀赋进行国际分工的重要工具是工资/租金比率概念，这个概念指的是工资成本在产品收入中的比率。她认为，劳动丰裕的国家主要出口劳动密集型产品存在两种情况：一种是各个国家要素/租金均等化，一种情况是劳动丰裕国家中工资/租金比率偏低。“如果该比率偏高，那么在劳动力丰裕的国家用资本较为密集的技术来生产更多的资本密集型商品将会有利可图。”①在现实中，劳动是由资本（发放工资）组织到生产过程的，如果工资过高，劳动密集型产品在实际上便成为资本密集型产品。现在我们需要清醒地意识到一个趋势，这就是我国（特别是沿海地区）工资增长很快，工资/租金比率提高的结果，或者是劳动密集型产品在国际竞争中失去竞争力，或者是资本替代劳动，使丰富的劳动资源得不到充分利用。

总而言之，在现阶段，一个国家的产品在国际市场上的竞争力，最主要的是产业竞争力。单纯的由资源禀赋决定的比较优势在国际贸易中不一定具有竞争优势，单纯根据资源禀赋来确定自己的国际贸易结构，企图以劳动密集型产品作为出口导向，就会跌入“比较利益的陷阱”。

① 安妮·克鲁格：《发展中国家的贸易与就业》，上海人民出版社，1996年版，第84页。

2. 比较优势转化为竞争优势

厂商进入国际市场，无论是采取出口进入的方式还是投资进入的方式，一个重要的条件是自己有某一方面的竞争优势。竞争优势可以通过多方面培养，其中的一个重要途径是通过发展开放型经济培植国际竞争优势。

过去在按照比较利益理论建立的国际分工格局中，国际贸易的主要目的是互通有无。而现代国际竞争的一个重要特点是，各个国家包括许多发展中国家在内进入国际市场有明确的占领国际市场，在国际市场上占有更大的份额，以获得更大的国际贸易利益的目标。为了达到这个目标，许多国家没有停留在已有的比较优势上，而是致力于创造国际竞争的优势。

我国过去的国际贸易结构带有低收入国家的特征，出口结构中，初级产品占很高的比重，现在我国的出口结构已实现了劳动密集型产品对初级产品的替代。这种替代能够发挥我国劳动力资源丰富的优势，同时也有利于增加就业机会，从而缓解沉重的就业压力。但是，不可否认的是，在当今的国际市场上，劳动密集型产品的比较优势并不一定具有国际竞争优势。

确定我国产品的国际竞争优势面对着两个矛盾：一方面根据资源禀赋，我国目前具有自然资源和劳动力资源的比较优势，但是这些比较优势在国际竞争中不具有竞争优势；另一方面根据我国目前的经济发展水平，这些优势还必须利用。现在需要研究如何充分利用自己的劳动资源和自然资源的比较优势，如何在现有的比较优势的基础上形成具有国际竞争优势的产业结构。

一些经济发展较快的发展中国家和地区，如“亚洲四小龙”，它们的资源禀赋与我们基本相同，原有的基础也差不多。现在它们在国际竞争中的优势越来越明显。根据它们的经验，创造竞争优势涉及两方面问题：一方面是贸易结构导向的转变，过去参加国际竞争主要是依据自身的供给条件，以资源禀赋为导向，现在则是以国际市场需求为导向；另一方面是有效地进行由比较优势到竞争优势的转化工作。为了使比较优势成为竞争优势，各个竞争国都争先采用新技术，以新技术产品打进国际市场。尽管这些国家和地区出口的产品仍是劳动密集型产品居多，但是这些产品包含了更多的新技术含量，因而有明显的竞争优势。

比较优势和竞争优势的差别表明，虽然我国目前有劳动力资源丰富的优势，但不意味着中国的国际贸易的竞争优势是劳动密集型产品。由此国际贸易战略调整的重要内容是以国际市场需求为导向，提供在国际市场有竞争力的产品。

现在的国际分工主要不是不同国家生产不同产品的分工，国际贸易已不限于部门外（各个国家不同生产部门间）的贸易，大量的是部门内（不同国家交换同种产品）的贸易。在这种国际分工格局中，我国的出口产品战略完全可以不受现有的比较利益限制，也可以向国际市场提供与其他国家同类的产品，包括资本密集和技术密集的产品。这些产品得以打进国际市场的关键是具有被市场所接受的差别性。

不同国家产品差别性的一个重要方面是，所含成本的差别，这时一个国家的资源或要素优势起着重要作用，可能是在日本制造的质量更高，在中国制造的价格更便宜。反过来也可以说，各个国家的比较优势不完全体现在生产不同产品上，而是体现在生产同种产品的成本、质量等方面的差别性上。就像我国具有劳动力资源丰富而便宜的优势，它完全可以被用来创造在低成本方面的产品差别性。

我们已经注意到，劳动力资源丰富的优势不会直接成为国际贸易的优势。它要成为国际贸易的竞争优势必须有个转换过程。转换的关键点是将高新技术，包括从国外引进的高技术与丰富的劳动力资源结合，由此产生真正的比较竞争优势。如果将引进国外生产要素的国际商务结合进来考虑，那应该是指，将引进的国外资金、国外先进技术，同中国丰富而廉价的劳动力结合，生产在国际市场上有竞争力的产品。这时的比较优势就在于，同是高技术产品，但在中国生产的劳动成本含量比在其他国家生产的低，具有价格竞争的优势。就如日本索尼品牌的高质量电子产品，可以在美国生产，在日本生产，也可以在新加坡生产，在中国生产。在中国生产的优势在于，由于地域空间大，地价便宜；由于劳动力资源丰富，劳动价格便宜。因此在中国生产并出口的索尼品牌的电子产品具有生产成本低的优势。从这一意义上来说，来料加工和来件装配等形式的加工贸易，以及吸引国外著名公司来华建立生产具有较高国际竞争力的产品的企业是利用中国丰富的劳动力资源，并使之成为国际竞争优势的重要途径。

长期以来，我们说明自己的劳动密集型产品具有比较优势的一个主要理由是劳动力资源丰富和劳动成本低，劳动成本低主要是就工资成本而言的。从国际竞争的现实来分析，这些理由是不充分的。首先，劳动是不均质的。具有较高人力资本含量的劳动密集型产品具有更强的竞争力。反过来说，人力资本含量较低的劳动密集型产品，不具有竞争优势。其次，许多国家的劳动密集型产品成本低不仅是因为其劳动工资低，还在于其对劳动过程具有较高的管理和组织水平，由此决定了更高的劳动生产率和更优的产品质量。反过来说，工资成本低而管理水平差的劳动密集型产品也不具有竞争优势。这种状况同样也说明了由比较优势转向竞争优势的重要途径。这就是对劳动密集型产业进行人力资本投入和技术投入，提高其技术密集度，使其由简单劳动密集型转变为智力劳动密集型。

3. 创造产业竞争优势

国际贸易对发展中国家是发展的引擎，这一点已经被广泛接受。现在需要研究的是，国际贸易在哪一方面起引擎作用对发展中国家是最有利的。根据钱纳里的分析，一个国家的对外贸易战略同这个国家产业结构的比较优势相联系，一个国家对外贸易战略的调整又同这个国家的产业结构的比较优势的改变相联系。这就是说，只有在国际贸易能起到推动本国产业结构优化和升级时，这种引擎作用才是最需要的。现在需要研究的是以劳动密集型产品出口导向能否带动我国产业的升级并提高经济发展水平。

目前包括我国在内的发展中国家出口的产品主要是劳动

密集或自然资源密集的初级产品；进口的主要是发达国家生产的工业制成品。这种国际贸易格局在多大程度上成为发展的引擎呢？我们发现，这种比较利益结构虽然在一段时间中使发展中国家得到了一些贸易利益，但它强化了自己的低水平的产业结构，同发达国家的经济差距也进一步扩大了，由此进入“比较利益陷阱”。其原因是显而易见的。

诺贝尔经济学奖获得者刘易斯在指出国际贸易的引擎作用时，对发达国家和发展中国家进行了比较，发现：“如果增长的引擎是较发达国家的工业产品和欠发达国家的初级产品出口，那么，较发达国家的引擎就比欠发达国家的引擎转动的略为快一些”[①]。就是说，在发达国家出口工业制成品，发展中国家出口初级产品的国际分工格局中，发展中国家的出口依赖于发达国家的增长速度，造成了发展中国家对发达国家的依附性，发达国家始终处于主动地位。而且，在国际贸易中，初级产品和工业制成品交换的贸易条件日渐恶化。从需求方面看，初级产品出口面对的是日益缩小的国际市场和日益下降的价格水平。从初级产品的供给条件来看，由于技术落后及开发过度，开发条件恶化，开发成本日益增大。发展中国家的初级产品生产总有一天会遇到收益递减的困境，发达国家会随时改变将资源更为充裕的国家作为自己的贸易对方国。如果发展中国家的贸易格局具有初级产品单一化的特征，更容易因发达国家需求改变而陷于死地。刘易

① 刘易斯：《增长引擎的减慢》，引自外国经济学说研究会《现代国外经济学论文选》第8辑，商务印书馆，1997年版，第2511页。

斯指出的发展中国家单一出口初级产品的问题，同样也会成为劳动密集型产品的问题。

在产业经济理论中，劳动密集型产业不能成为带动产业升级的领头产业已经得到了说明。同理，以劳动密集型产品出口为主的贸易战略无力带动国内产业结构的升级。需要指出的是，在目前各地的发展外向型经济的热潮中，各地特别重视扩大出口，由于目前许多地区能够出口的大部分还是劳动密集型产品，由此各地竞相发展以出口为导向的劳动密集型产业。与此同时，许多地区引进外资也是缺乏产业选择，外商进入的产业大部分也是劳动密集型产业。这种状况发展下去，不可避免会产生这样的后果：出口数量越多，引进的外商投资企业越多，劳动密集型产业就越多。这种状况如不及时扭转，中国的产业结构不但不能通过发展外向型经济得到升级，还会进一步低级化。中国在结构调整中需要解决的一个重大问题是，不能为了单纯追求外向度指标而牺牲产业结构高度化的目标。

某些发展经济学家曾经指出，发展中国家片面追求劳动密集型产品出口可能导致国内缺乏投资品工业部门，由此产生的后果是：初级产品和劳动密集型产品出口国因对外贸易而增加的有效需求，大部分没有留在国内，而是漏到国外去了。于是形成收入的两个漏出，一是进口的漏出，二是储蓄的漏出。具体地说，发展中国家一方面需要以一部分收入从国外进口技术密集型产品用于消费，另一方面因国内缺乏投资品工业，国内的储蓄还要漏到国外购买投资品，用于设备更新或新投资。这样，对外贸易没有产生带动本国经济发展的效应。这就是杨叔进所说的，由于这两个漏出，“从出口生产部门的扩大到国内生产部门的扩张，这样的经济增长的传导路线就大受削弱。”[1]

在确定中国的出口战略时，需要明确中国发展开放型经济的目标定位问题。中国作为大国对国际贸易的依存度同小国是有差别的。小国对国际贸易的依存度非常高。小国经济的发展依赖于产品出口，小国只有在对外贸易依存度加大的情况下才能加快经济增长。而对大国来说，对外贸易的依存度达不到小国的水平也可实现经济增长。原因是大国的国内市场和资源条件允许其发展专业化和规模经济。[2]我国的经济不仅仅是大国经济，与许多小国相比简直是巨国经济，国内市场容量很大。因此我国不可能像小国那样整个经济都外向。片面地追求外向度，舍弃国内大市场会付出很大的代价和成本。指出这点不是说中国的经济不要开放，也不是说中国不要继续扩大对外贸易，而是要强调中国扩大开放和扩大对外贸易的主要目的是要利用国际资源和国际市场提升国内的产业结构，推进中国经济的现代化。按照创造产业优势的要求，中国在开放型经济中不仅仅是要获得借助劳动密集型产品出口所带来的比较利益，而是要借助开放型经济提升和优化自己的产业结构，提高技术密集产业的比重。出口导向或出口替代战略有两个层次：一是以劳动密集型工业制成品

① 杨叔进：《经济发展的理论与策略》，江苏人民出版社，1989年版，第328页。

② 库兹涅茨：《现代经济增长》，北京经济学院出版社，1989年版，第265页。

替代初级产品出口；二是以技术密集型产品替代劳动密集型产品出口。中国和许多发展中国家一样，目前尚处于以劳动密集型产品替代初级产品出口阶段。如果考虑通过对外贸易实现产业升级的目标，中国的出口导向战略就不能停留在以劳动密集型产品替代初级产品出口阶段，必须向以技术密集型产品替代劳动密集型产品出口阶段升级。与此相应，国家鼓励出口的政策就不能只是鼓励出口，而是要鼓励以技术含量高的制成品替代技术含量低的制成品出口。

在当前国际经济一体化的大背景中，调整和优化产业结构不能封闭式进行，需要利用国际资源，需要利用国外资金和技术，需要引进国外先进产业。这就提出了国际贸易和吸收国外资源的国际商务结合进行的要求。用马克思在《资本论》中的公式说明，过去我们的对外贸易是“为买而卖”，也就是为了得到国外物品而出口；现在则是“为卖而买”，也就是为了扩大出口提高国际竞争力而进口国外先进生产要素。为了使对外贸易产生带动本国经济发展的效应，不仅要引进国外先进生产要素来发挥自己的劳动力优势，还应该注意引进国外的先进产业，逐步培植本国的产业优势。

这里特别要强调引进国外先进产业对优化我国产业结构的意义。在一个劳动力充裕的大国，是引进国外资金来发展劳动密集型产业，还是引进国外先进技术产业来利用本国的劳动力，这是一种选择。前者考虑的是就业岗位，后者关心的是劳动的附加价值。新加坡在20世纪70年代经济还很落后，特别是现代制造业部门很少。新加坡发展的一个成功经验就是，大力引进国外先进产业部门，鼓励国际著名跨国公司落户新加坡。具体地说，新加坡引进外资的重点不是利用国外资金来发展自己的劳动密集型产业，而是引进高技术产业来利用本国在当时还相对廉价的劳动力。新加坡采用这一产业发展战略取得了成功。新加坡的现代制造业部门迅速发展，现在，新加坡已成为世界电脑磁盘制造中心，世界第三大炼油中心。在许多工业领域都处于世界前列。新加坡的经验值得我国参考。我国现在搞外向型经济表面看来轰轰烈烈，但劳动密集型出口加工业投资在外商在华投资中占相当高的比重，这样利用外资不会优化我国的比较利益结构。在一些地区，利用的外资越多，产业结构的劣化可能越严重。因此在我国一些经济发达地区，有必要调整国际商务战略，重点引进高技术产业，扩大高技术产品出口。

既然我国发展开放型经济的目标定位在提升自己的产业结构和增强国际竞争能力，就应该重视国际上在20世纪70年代末兴起的战略贸易理论。战略贸易理论的依据是，一个国家能够在某些代表未来发展方向的关键性产业如计算机、电信、生物技术等产业中创造比较利益。这些高技术产业一旦获得成功，就会产生广泛的外部经济，并促进该国未来的发展，并能先于其他国家占领国际市场。显然，这种战略贸易政策不是一般的进口替代，保护幼稚产业，而是创造关键的高技术产业的比较优势。不少经济学家认为，日本的成功就在于它成功地实施了战略贸易政策。以半导体为例，在70年代，半导体市场被美国控制。从70年代中期开始，日本政府把发展半导体工业作为目标，政府采取了一系列扶持政策，包括筹集研究和开发基金，准予将从该产业得到的税收投资于该产业，保护国内市场抵制外国（尤其是美国）的竞争。这些政策使日本在80年代中期成功地从美国手中夺取了半导体市场的控制权，其后又控制了世界市场。显然，战略贸易政策，不是消极地进口替代，而是积极地由进口替代走向出口替代。当然，推行这种政策成功的关键是选准战略产业，并且有强有力的政府扶持和保护措施。

按照战略贸易理论，为了创造具有国际竞争优势的产业，国家要在市场选择的基础上，通过技术引进和高科技投入等途径有重点地培植一批技术含量高、出口前途好的产业部门，增强其国际竞争力。同时对进入中国的外商投资企业要逐步提高进入壁垒（主要是技术含量门槛），鼓励高技术产业进入中国。

我们注意到发达国家向发展中国家转移的产业一般是成熟产业，而不是在未来市场上具有竞争力的产业。这意味着单纯靠引进外资并不一定能培植战略产业。但是在我国实施战略贸易政策不是没有机会和条件的。在我国，高科技和高科技产业的国际差距是不一致的。由于高科技的研究没有国界，高校和科研机构所掌握的高科技的国际差距相对来说，要比高科技产业的国际差距小。这就给实施战略贸易政策提供了条件。政府一方面扶持高科技研究，另一方面鼓励企业接受高校和科研机构的高科技研究成果并使之产业化，由此可以利用自己的科技力量发展起在未来具有竞争能力的战略性产业。

参考文献

1. 安妮·克鲁格. 发展中国家的贸易与就业. 上海：上海人民出版社，2015.

2. 杨叔进. 经济发展的理论与策略. 南京：江苏人民出版社，1989.

3. 钱纳里. 结构变化与发展政策. 北京：经济科学出版社，1991.

4. 洪银兴. 国际商务导论. 北京：中国青年出版社，1996.

进入新阶段后中国经济发展理论的重大创新[①]

随着我国告别低收入发展阶段进入中等收入发展阶段，经济转向新常态。相应地，发展理论出现一系列创新。创新就是创造性毁灭。同样，现阶段创新的发展理论，或者是否定流行的发展经济学原理，或者是否定过去在低收入阶段曾经有效指导发展的理论，甚至也要扬弃一部分在改革开放初期所推进的在当时行之有效的发展政策。其根本性原因是发展阶段改变后有新的发展任务、新的阶段性特征、新的发展规律。

① 本文原载于《中国工业经济》2017年第5期。

1. 任务的改变：由指导经济起飞转向指导现代化

产生于20世纪40年代的发展经济学，以刚刚取得独立的原有的殖民地、半殖民地国家为对象，这些国家面临的任务是摆脱贫困，推动发展，建立独立的产业体系，实现经济起飞。因此发展经济学是摆脱贫困的经济学，是推动经济起飞的经济学。应该说，这种发展经济学对我国的经济发展也起到了积极的指导作用。其中包括以GDP增长为目标的赶超战略；以高积累高投资率支持经济增长；农业剩余劳动力转移；城市化；工业化；跟随发达国家之后进行科技和产业创新；在中心—外围中，依赖中心的辐射；按照比较优势参与国际分工，实施出口导向的外向战略；等等。这些理论曾经在相当长的时间中指导包括我国在内的发展中国家的经济发展政策，也是传统经济发展方式的理论依据，对我国由低收入国家迈向中等收入国家起到过积极的指导作用。

我国的GDP总量从2010年起达到世界第二，是世界最大的出口国和外汇储备国，也是世界排名第二的制造业大国。这不仅表明中国的世界经济地位发生了重大变化，更为重要的是中国的现代化建设进入了新的历史起点：首先，在人民生活水平明显提高的同时，贫困人口也显著减少。其次，农业比重降到10.1%，工业比重达46.8%，城市化率也过了50%。这意味着中国已经从农业国变为工业国。尤其是即将全面建成的小康社会标志着中国经济实现了起飞，随之开启现代化的进程。在新的历史起点上，指导经济发展的经济发展理论就需要有新的发展。这就是，由摆脱贫困的发展经济学转向富裕人民的经济学，由指导经济起飞转向指导现代化。

在我国GDP总量达到世界第二的同时，人均GDP于2011年就达5414美元，标志着我国由低收入国家进入中等收入国家行列。这就要求我国的经济发展理论能够说明由中等收入国家向高收入国家发展的进程和规律。进入中等收入国家行列后面临的最大风险是“中等收入陷阱”。产生“中等收入陷阱”的主要原因是：首先，低收入国家进入中等收入国家水平时，既无法在工资方面与低收入国家竞争，又无法在尖端技术研制方面与富裕国家竞争。其次，在向高收入迈进的过程中，难以摆脱以往低收入阶段时的发展模式。最后，原有的增长机制和发展模式推动的经济快速发展在低收入阶段积累的矛盾在这个阶段集中爆发。由此产生的尖锐的社会矛盾严重阻碍经济的持续发展，容易出现大幅波动或陷入停滞，长期在中等收入阶段徘徊。

在中等收入阶段的新起点上指导经济发展最为重要的是为跨越“中等收入陷阱”提出理论指导。主要包括三点：第一，转变经济发展方式，不能把低收入国家向中等收入国家发展时所采取的发展方式延续到中等收入国家阶段，目标是有能力在尖端技术研制方面与富裕国家竞争。第二，富裕人民。中等收入国家阶段富裕人民就不只是指提高人民收入，还涉及两个方面，一方面居民家庭财产明显增加，居民的财产性收入随之增加；另一方面居民享有更多的公共财富，特别是社会保障覆盖面扩大，城乡基本公共服务均等化。第三，由效率性增长转向公平性增长，以公平正义来克服社会矛盾，逐步实现共同富裕。这些就成为在中等收入国家发展阶段上的经济发展理论创新的内容。

2. 发展引擎的转换：由外需转向内需

在已有的发展经济学教材和发展理论中，发展中国家的对外贸易和吸引外资是经济发展的主要引擎。相对于过去的封闭型经济，发展开放型经济，出口导向和大力度引进外资对我国经济发展起到了明显的引擎作用。现在主要由于以下三方面原因导致我国的发展引擎需要由外转内。

首先是国际市场状况的改变。出口导向的发展战略是根据出口的需要安排产业和贸易结构，安排国际竞争策略，存在对国际市场的依赖性。2008年爆发的世界金融危机直接打击的是开放型经济，直到现在世界经济仍然低迷，不能指望出口需求有较大增长。2013—2017年，最终消费支出的年平均贡献率为56.2%，资本形成总额的年平均贡献率为43.8%，货物和服务净出口的年平均贡献率几乎为0。当然这只是表面上的，也可能是短期的影响。更为重要的是建立在已有的开放战略基础上的开放型经济对经济增长的推动力衰减。这可能是长期的影响。主要表现是，我国的许多出口品（尤其是劳动密集型产品）的国际产能过剩问题越来越严重；由于土地和劳动成本的增加，不仅导致出口产品竞争力下降，对制造业外资进入的吸引力也随之下降；以美国为代表的某些发达国家开始盛行的保护主义和逆全球化导致国际贸易摩擦日益频繁。这些情况表明出口导向型发展战略难以为继。

其次是中国市场地位的提升。全球化经济存在中心和外围的格局。长期以来，世界经济的中心一直在美、欧、日等发达国家，我国作为发展中国家一直处于外围。我国进入世界第二大经济体后，开始由外围转向中心。所谓中心，一方面是指在世界一定范围内成为经济增长的中心，另一方面是指中国的市场总体规模将会进入世界市场的前列，而且将会成为市场创新中心，中国市场的国际影响力的增强意味着中国市场已经和正在成为重要的世界市场。这意味着进入中国市场也是进入世界市场，由于市场距离和信息获取等原因，内需型经济的交易成本更低。

最后是协调区域发展不平衡提出的要求。在相当长时期中，我国发展外向型经济实际上只是在沿海地区推进的。外需导向的经济只是拉动了这一区域的经济发展。而广大的中西部地区处于外向型经济的边缘，不仅得不到外需的拉动，而且由于东部沿海地区面向海外，中西部地区经济得不到东部地区的带动，地区差距进一步扩大。现在，进入中等收入发展阶段后，融入全球化的东部沿海地区已经有了强劲的发展能力，中西部地区强烈的发展需求，以及针对东西部发展不平衡所进行的协调都会提供巨大的内需和发展机会。

在外向型经济难以继续成为我国现阶段发展的引擎时，国内经济发展的需求正在成为新的引擎。这就是斯蒂格利茨在20世纪90年代末所指出的："随着经济增长和全球经济环境的变化，那种主要依靠出口和国外直接投资来推动经济增长的战略的重要性将降低。同时，中国面临着继续改善资源配置和生产力挑战。"[1]应对这个挑战的对策，就是"使国

① 斯蒂格利茨：《中国第三代改革的构想》，引自胡鞍钢《中国走向》，浙江人民出版社，2000年版，第151页。

内经济成为增长和平等的发动机”。

国内经济成为增长的发动机，是基于扩大内需成为经济发展的战略基点。扩大内需指的是国内经济发展所拉动的投资和消费需求。致力于全面小康社会和现代化建设就会产生巨大需求。主要涉及四个方面：第一，随着人民收入的普遍较快增长，消费需求将成为扩大内需的战略重点；第二，随着城市化和城乡一体化发展，无论是投资需求还是消费需求都会产生较大规模的内需；第三，随着国内产业结构的转型升级，特别是发展与其他发达国家进入同一创新起跑线的新兴产业，不仅增强供给能力，本身也是扩大内需的重要方面；第四，解决国内地区之间发展的不平衡，会形成多种层次的内需。所有这些扩大的内需的直接效应是国内市场的总体规模进入世界市场的前列，对发展的引擎动力绝不会比外向型经济小。增长的引擎由外转向内，绝不意味着回到封闭经济，而是要转向更高层次更高效益的开放型经济。

3. 需求拉动力的调整：投资拉动转向消费拉动

拉动经济增长的内需包括投资需求和消费需求。长期以来，包括我国在内的发展中国家已有的增长方式受哈罗德–多马模型影响较大。该模型以GDP的增长为目标，依靠投资拉动经济增长。我国长期的高速增长就是建立在高投资基础上的。为此，长期的国民收入分配形成高积累低消费的格局。经济发展到现阶段，支持高投资的高储蓄不可持续。而且，为生产而生产的投资拉动产生的产能过剩导致增长效益明显下降，甚至投资拉动愈来愈成为经济大起大落波动的主要说明因素。这意味着，投资拉动型经济在我国已走到尽头，不可能实现经济的持续增长。

当我国进入中等收入国家发展阶段后，转变经济发展方式的一个重要方面就是改变在低收入国家阶段实行的主要依靠投资、出口拉动经济增长的方式，转向依靠消费、投资、出口协调拉动，尤其是突出消费对经济增长的拉动作用。其意义在于提高消费对经济增长的贡献率，从而提高经济增长的效益和质量。

以扩大消费需求拉动经济增长实质上是以增加人民收入提高人民消费水平为导向。这实际上体现经济发展目标的调整，即由单纯追求GDP的增长转向追求人民的富裕和幸福。政治经济学理论所一直强调的最大限度地满足不断增长的人民群众物质和文化的需要这个社会主义生产目的，正是在这种消费拉动型经济增长中得到实现。

相比投资需求，我国现阶段消费需求增长的潜力更大。就我国的消费需求规模来说，13亿多的人口无疑有巨大的潜力，但在消费需求结构方面潜力更大。首先是人口年龄结构，老龄化社会减少储蓄但可能增加消费；儿童比重大也减少储蓄但可能增加消费。其次是人口收入结构，中等收入者所占比重越来越大，这部分人口的消费需求尤其是对产业升级提供的产品和服务需求更为旺盛。最后相比发达国家市场，新兴市场的消费需求更为强烈，例如家庭轿车的需求、住房的需求、信息服务的需求，这在中国是从无到有的需求，其消费需求具有爆发性特点。

消费拉动经济增长的前提是拉动消费，首要的是培育消费力。影响消费力的因素涉及收入、就业和社会保障制度。根据社会主义生产目的，提高人民群众的消费力的基本途径：一是增加居民收入；二是稳定高就业率；三是社会保障全覆盖；四是在宏观的国民收入分配中提高消费比例，改变高积累低消费状况；五是扩大中等收入者比重并使中等收入者达到大多数，从而在提高的居民消费水平的基础上拉动经济增长。

现阶段消费业态的创新对消费的拉动以及消费的增长的拉动作用效果非常显著。尤其是中国在进入中等收入阶段，中等收入群体人数达到3亿，由此产生的中高端消费将成为发展的新动能。例如信息消费，绿色消费，住房消费，旅游、休闲消费，教育、文化、体育消费，养老、健康、家政消费，这些新型消费业态增长的速度明显快于传统的消费业态。尤其是借助互联网+平台，网络消费和共享经济正在从广度和深度上扩大消费领域。消费朝着智能、绿色、健康、安全的方向转变，不仅体现消费模式的优化，还会带动生产模式的优化。

服务业的发展对消费需求增长具有带动作用。服务和消费不可分。扩大服务消费可以带动消费结构升级；服务业领域的信息化、标准化、集约化不仅可进一步扩大消费需求，还能提升消费水平。

当然，由投资拉动转向消费拉动，绝不是以消费拉动代替投资拉动。转向消费拉动是一个目标，但是需要有一个过程，投资拉动型经济还有惯性。尤其是在宏观经济处于下行时，经济要能够止跌回升，短期内还是要靠投资拉动。

4. 改革的着力点转向：由需求侧转向供给侧

中国的经济发展需要供给侧和需求侧共同发力。这两侧发力的程度与两侧的体制相关。改革是这两个方面充分发力的动力。我国从1978年开始的市场化改革实际上是需求侧的改革，包括取消指令性计划，转向市场经济。由此激发的需求侧动力包括微观和宏观两个方面。微观的动力主要是指市场选择的压力，涉及市场需求和市场竞争的压力。宏观动力是指消费、投资和出口“三驾马车”协同拉动经济增长，国家的宏观调控所采用的财政和货币政策，紧缩性的、扩张性的或中性的财政和货币政策都会影响总需求。在需求侧改革进行了30多年后，需求侧需要完善需求管理。在此基础上我国经济改革的着力点由需求侧转向供给侧。

供给侧的问题，一般是结构性问题。这是发展中国家的通病。发展中国家长期存在的结构、技术、效率等供给侧问题，不会因转向市场经济就能自动解决，也不可能靠需求侧的调节来解决。我国当前的供给侧的结构性问题表现为：有效供给不足和无效产能过剩并存。供给侧的结构性矛盾具有经济发展阶段性特征：供给不能适应进入中等收入阶段以后消费需求的新变化。进入中等收入阶段后，一方面解决了温饱问题后居民的消费需求开始转型升级，更关注健康、安全、卫生、档次方面的需求；另一方面生产和服务还停留在低收入阶段的供给，追求数量，不重视质量，为生产而生产。由此产生的上述结构性问题需要供给侧的改革来解决。

供给侧结构性改革的任务涉及去产能、去库存、去杠杆、降成本、补短板。改革的目标是：加大结构性改革力度，矫正要素配置扭曲，扩大有效供给，提高供给结构适应性和灵活性，提高全要素生产率。具体地说有以下三方面改革目标：

一是寻求供给侧的经济发展动力。影响潜在经济增长率的供给要素包括投入、技术、结构、效率等。现阶段供给推动力消退只是指物质资源和低成本劳动力供给能力消退。而在供给侧还有其他动力开发，创新驱动、结构调整、提高效率都是供给侧推动经济增长的动力，尤其是提高全要素生产率还有很大的空间。

二是建立有效供给的长效机制。有效供给不足实际上是结构性短缺，现行供给结构不能适应需求，不仅涉及供给的产品结构，还涉及供给品的质量。与此同时，低端和无效产能占用资源，造成库存和积压。建立有效供给的长效机制涉及培育企业家精神，推动产业优化升级；依靠科技创新提高产品的技术档次；培育工匠精神，建立精细化的治理体系和文化，加强质量管理和重塑精细文化；规范市场秩序，加强并完善市场监管体制;“乱市”用重典，加强诚信体系建设，打造诚信品牌。

三是释放企业活力。中国特色社会主义政治经济学的一个重大原则，就是坚持调动各个方面积极性，这也应该成为供给侧结构性改革的重大原则。现在实体经济企业背负着“三座大山”：高税费、高利息和高负担。企业有产量无效益，许多企业成为“僵尸企业”。改革实际上是处理好国民收入分配中国家、企业和职工三者的利益关系，由于企业是基本的经济细胞，尤其要突出企业利益。一方面，职工既要共享企业发展的成果，也要分担企业风险，如果企业承担不了不切企业实际的职工负担而关门或裁减员工，最终受损的还是职工。另一方面，政府要给企业让利。要想取之，必先予之。企业负担减轻了，经济细胞活了，国家收入才能增加。因此，前一时期政府改革的着力点是取消下放审批，现在则需要取消和减少对企业的各种税费。

在经过两年多以去产能、去库存为主要内容供给侧改革的基础上，深化供给侧结构性改革的主攻方向是提高供给体系质量，培育发展的新动能，也就是在中高端消费、创新引领、绿色低碳、共享经济、现代供应链、人力资本服务等领域培育新增长点，形成新动能。

5. 增长原则的改变：由效率性增长转向包容性增长

在发展理论中，增长原则涉及对公平和效率的追求，体现在增长成果的分配上。原因是两者只能兼顾不能兼得，这就有谁为先的问题。我国在处于低收入国家水平阶段发动经济增长以效率为先，明确提出允许一部分人先富起来的大政策，并且强调各种生产要素按贡献取得报酬。这种效率性增长与当时的投资拉动型经济增长方式是一致的，产生了明显的提高效率和充分调动发展要素的正面效应，但其另外一面的效应也在逐步显现，即以效率为原则不可避免产生分配的不平等。

我国的经济发展进入中等收入国家水平后，这种效率性增长及相应的大政策就不能延续了。其原因有三：第一，延续了30多年的效率性增长所产生的收入差距扩大程度已达到了库兹涅茨倒U形曲线的顶点。第二，收入有差距能促进效率提高，但收入差距扩大达到一定程度也可能影响效率，经济增长会受到过大的低收入群体的抵制。第三，如果要陷入"中等收入陷阱"，最有可能的是日益扩大的收入差距造成的社会矛盾。在此背景下效率性增长已无力支持效率的进一步提高，转向包容性增长则可能兼顾效率的提高。

习近平总书记在G20杭州峰会上提出了全球化中的包容性增长理念。其内涵就是：要树立人类命运共同体意识，减少全球发展不平等、不平衡现象，使各国人民公平享有世界经济增长带来的利益。可见，包容性增长的内涵非常广泛，包括可持续发展，共同参与的发展。最基本的含义是公平合理地分享经济增长，缩小收入分配差距。在社会主义的中国包容性增长又有社会主义的促进社会公平正义的要求。在实施30多年的允许一部分人一部分地区先富起来的大政策基础上，需要通过先富帮后富，让大多数人富起来，从而使人民公平合理地共享增长的成果，产生经济增长的新动力。

由效率优先兼顾公平转变为促进社会公平正义不是要拉平收入，而是要在增长过程中实现机会公平、权利公平、规则公平，尤其是克服权利不公平造成的分配不公问题。克服权利的不公平涉及三个方面：一是通过严格的反腐败措施来克服的以权谋私问题；二是克服依靠垄断地位获取高收入问题；三是克服由资产分配不公平所造成的收入差距扩大问题。

包容性增长突出需要解决低收入者问题。目前低收入者的数量还不少。这部分人中的大多数上升为中等收入者，产生的消费需求从而对经济增长的拉动作用也是巨大的。其途径是改革和完善国民收入分配制度。

一是提高劳动报酬在初次分配中的比重。改革以来先富起来的群体基本上是依靠资产收入和经营收入的资本所有者和企业经营者。由此产生初次分配中劳动收入和非劳动收入之间差距的明显扩大。面对这种日益扩大的差距，初次分配领域不能只是讲效率，也要处理好公平和效率的关系。在初次分配领域提高劳动报酬在初次分配中比重的依据，就是劳动报酬增长与劳动生产率提高同步。

二是再分配更加注重公平。政府对公平分配担负着不可推卸的责任。政府的作用除了通过国家让利，提高居民收入在国民收入分配中的比重外，还要以公共财政制度促进公平正义：一方面推进基本公共服务均等化，面对区域之间、城乡之间在基本医疗、基础教育、公共交通、公共卫生等基本公共服务方面的巨大差距，缩小差距的重点在使落后地区、农村居民都享受到与发达地区和城市居民均等的基本公共服务。另一方面健全覆盖城乡居民的社会保障体系。目前城乡居民在医疗、养老等方面的社会保障存在很大差距，农民享受不到与城市居民平等的社会保障，尤其是在农民因各种原因失去土地从而失去土地保障，农民的社会保障需求更为强烈。覆盖城乡的社会保障制度的建设必须以财政为主导。

现在扩大的收入差距主要不在于劳动报酬的差距，而在于各种生产要素参与收入分配后的财产（非劳动生产要素）差距。财产分配的两极分化在社会主义条件下是需要防止的。包容性增长不可能为防止财产差距而不允许要素参与分配，而是要改革私人财产形成制度，克服财产分配不公的问题。一是解决私人资产形成在机会公平、权利公平、规则公平方面的公平制度。二是创造条件让居民获得更多的财产性收入，包括不动产（如住房）和动产（如股权）；为居民平等地经过自己的努力取得属于自己的资产创造更多的机会，如创新创业。三是居民的财产及其收入都应得到法律的保护。

显然，转向包容性增长，体现我国经济发展能力的提升，也使我国的经济发展在新的发展水平上找到新的发展动力。人民群众在共享发展成果的基础上支持发展，在公平基础上实现社会和谐可以减少发展的社会摩擦。

6. 增长路径改变：由依靠物质资源投入转向创新驱动

长期以来我国的经济发展处于要素和投资驱动阶段。其特征是主要依靠物质资源投入推动经济增长。这同发展经济学中所使用的经济增长模型是一致的。在该模型中经济增长是资本、劳动、土地等要素投入的函数。后来尽管加进了技术要素，那也只是作为外生变量和余值起作用。直至20世纪80年代美国出现新经济并相应产生新增长理论，才有依靠知识资本和人力资本的内生增长之说。

我国长期依靠物质资源投入推动经济增长的方式，在进入中等收入国家阶段时矛盾就突显出来了：一是从要素驱动来说，物质资源投入不足成为越来越紧的瓶颈，由农业剩余劳动力转移产生的廉价劳动力供给明显减少；二是从投资驱动来说，投资驱动是建立在高积累低消费基础上的。进入中等收入阶段后，人民不可能继续长期忍受低收入。解决这个矛盾的根本途径是转向创新驱动阶段。

在已有的发展经济学中很少使用创新概念。而在现代，没有科技创新的概念和理论已经很难概括现代经济增长的特征了，特别是知识创新和技术创新相结合所反映的科技创新的特征。原有的技术进步是以企业创新为源头的技术创新，基本上是企业根据市场导向提出创新的需求和课题，以企业为主导进行技术创新。从20世纪末开始的新科技革命以及由此推动的新经济和知识经济的特点是新科技转化为现实生产力的速度和进程加快，科学的新发现直接推动技术进步，特别是科学技术的新突破直接推动产业创新，如新材料产业、生物技术产业、新能源产业等。这是以科学发现为源头的科技进步模式。在此背景下，创新驱动经济增长的实质是科学技术成果转化为生产力。

经济增长转向创新驱动需要克服在发展中国家流行的跟随理论。跟随理论的思想是，发展中国家的科技经济水平落后于发达国家，不可能在技术进步上与发达国家进入同一起跑线，只能是实施跟随策略，通过学习、模仿和引进，在发达国家之后，发展高科技和新产业。这种跟随理论在几乎所有的发展经济学教材中都会看到。跟随发达国家之后推进的技术进步模式基本上是加工代工型和技术模仿型，基本上属于国外创新技术对我国的扩散，创新的源头在国外。采用的新技术，是国外已经成熟的技术，核心技术和关键技术不在我们这里。这种引进创新至多只是缩短国际差距，不能改变后进地位。

中国成为世界第二大经济体后，需要也有能力创新技术进步模式。过去由于发展水平等原因我国错过了几次产业革命的机会。而现在，世界是平的，经济全球化和科技全球化的互动、网络化、信息化使新科技和产业革命的机会对各个国家都是均等的。特别是在这次世界金融危机过后将会迎来新的世界科技和产业革命。这次的机会不能再错过。

在成为世界经济大国之后，我国自身具备了与其他发达国家进入同一个科技和产业创新的起跑线的能力。人家能够开发的新产业，在这里我们同样也可以开发，大家机会均等。一方面，我国现阶段科学研究水平的国际差距比科技产业的国际差距小，再加上科学和知识的国际流动性比技术的流动性强，因此推动科学和技术创新互动结合，推动产学研协同创新，不仅可能在许多领域受到当今世界最新科学技术的推动，而且科学技术转化为生产力的速度可以大大加快。另一方面，大国经济可以集中力量办大事，特别是我国还可以利用“举国”体制，有能力在某些领域进行集中投入实现重点突破。这样，我国的科技进步路径就有条件由过去的跟随发展转向引领发展，甚至在某些重点领域实现跨越，在部分领域赶上甚至领先国际水平占领世界科技和产业的制高点。尤其是推动互联网、大数据、人工智能和实体经济深度融合。

创新驱动成为经济增长的路径，也就成为经济增长方式转变的目标。现在流行的转变经济增长方式的提法是由粗放型增长方式转向集约型增长方式。集约型增长方式的基本内涵是指集约使用物质要素，提高要素使用的效率。尽管集约型增长方式包含了技术进步的作用，但没有摆脱物质要素推动经济增长的架构。而创新驱动的增长方式不同，根据定义，它不只是解决效率问题，更为重要的是依靠无形要素实现要素的新组合，是科学技术成果在生产和商业上的第一次应用和扩散，是创造新的增长要素。因此创新驱动的经济增长方式是比集约型增长方式更高层次、更高水平，也是最能反映经济发展新阶段特征的增长方式。

7. 发展战略改变：不平衡战略转向平衡战略

在发展经济学中就有平衡战略和不平衡战略之分。不平衡发展战略认为，面对经济发展的结构性制约，发展中国家不具备推动全面增长的资本和其他资源，所以平衡发展是不可能的。因而投资只能有选择地在若干部门和若干地区进行，其他部门和地区通过利用这些部门和地区增长所带来的外部经济和联系效应而逐步得到发展。现实中就表现为投资的产业倾斜和地区倾斜。

我国改革开放开始以后，为了充分调动优势地区和产业的发展潜力，与市场化相配合，允许一部分地区一部分人先富起来，实际上实施不平衡发展战略。一是推进城市化、工业化，城市、工业优先于农村和农业发展。二是实施各种区域发展战略，如沿海区域战略等。三是对某些企业实行税收优惠政策。所有这些战略和政策的实施都是成功的，充分发挥了各个方面发展的潜力，在较短的时间内突破发展的瓶颈，实现了跨越式发展。但是这种不平衡发展到一定程度出现了严重的不平衡问题，短板也显露。其中包括在产业结构上有效供给不足和产能过剩并存；在工农业关系上农业现代化滞后；在城乡关系上农村发展落后；在地区结构上中西部地区贫困问题突出；在增长和生态关系上生态破坏严重；在经济发展和社会发展关系上社会发展滞后。

我国在进入中等收入阶段后，面对突出的国民经济不平衡问题，需要适时转向协调发展。不但不能再延续在低收入阶段实施的不平衡战略，还要通过实施平衡战略来补齐这些短板，否则很难说全面建成小康社会，更难说进入高收入阶段了。

马克思的社会再生产理论可以归结为协调发展理论。两大部类平衡理论就是要求部门之间在全面协调的基础上实现按比例发展。我国的经济发展开创的中国特色新型工业化、信息化、城镇化、农业现代化四化同步的现代化道路就是平衡发展的道路。全面建成的小康社会是惠及全体人民的小康，涉及经济、社会、文化、政治和生态各个方面的协调发展。

根据协调发展理念实施平衡战略，要求产业结构、城乡结构、区域结构以及相应的发展战略趋向均衡。其中包括拉动经济增长的消费、投资和出口的“三驾马车”作用的协调，三次产业的协调。针对存在的经济发展不平衡问题，按照协调发展的理念着力补齐短板：第一，补齐农业现代化短板，促进新型工业化、信息化、城镇化、农业现代化同步发展；第二，补齐贫困地区短板，促进城乡区域协调发展；第三，补齐社会发展的短板，促进经济社会协调发展；第四，补齐生态文明的短板，促进可持续发展。

8．二元结构现代化：由非农带动“三农”转向直面“三农”发展

传统的克服二元结构的路径就是刘易斯模型所指出的：农业中存在的大量剩余劳动力向现代工业部门转移，现代工业部门扩大资本积累，直至农业部门剩余劳动力转移完毕，即进入转折点，需要工业部门反过来支持农业部门进行技术改造。按此模型，农业的现代化是在农业剩余劳动力被现代工业吸收以后，工业部门支持农业技术改造的条件下实现的。就是说，农业是被工业化带进现代化的。

我国从20世纪80年代开始，以发展乡镇企业为标志推进了农村工业化和城镇化，创造了在“三农”之外带动“三农”发展的道路：以非农化解决农业问题，以城市化解决农村问题，以劳动力转移解决农民问题。其效果非常明显：一是工业化进程大大加快，中国已经由农业大国转变为新兴的工业国家；二是城镇化进程大大加快，中国进入了城市化的中期阶段；三是农业、农民和农村的发展水平也比过去大大提高。但是，“三农”只是靠非农发展来带动，总是赶不上“非农”的发展，城乡差距、工农差距不是在缩小，而是在进一步扩大。

单纯以工业化来领头的现代化，不可避免会出现农业现代化相对滞后的状况，现在农业、农民和农村的发展状况成为“四化同步”的短板。就如习近平同志所指出的：即使将来城镇化达到70%以上，还有四五亿人在农村，农村绝不能成为荒芜的农村、留守的农村、记忆中的故园，城镇化要发

展，农业现代化和新农村建设也要发展，同步发展才能相得益彰。为实现“第一个一百年”的奋斗目标，必须要补上农业现代化为代表的农业、农民和农村发展这块短板。其路径就要由非农带动“三农”转向直面“三农”发展。农业、农民、农村直接成为现代化的对象和重点。

农业现代化即发展现代农业，主要涉及三个方面：一是从根本上改变其落后的生产方式和经营方式，不只是提高劳动生产率，还要提高包括资本和土地的生产率，并且提高全要素生产率，从而提高农民收入；二是基于农业在国民经济中的基础地位，农业现代化要满足全社会现代化进程中不断增长的对农产品的量和质的需要；三是农业制度创新，其中包括改革农业经营体制、提高农业组织化程度、改革农村土地制度、改革农产品流通体制等。

农民现代化的目标是培养新型职业农民。根据舒尔茨的理论，农业中现有生产要素已得到了最有效的利用，农业需要引入生产要素才能得到改造。农业中需要引入的要素，一是科技要素，二是人力要素。发展现代农业不能只是靠现有的留在农村的以老人和妇女为主体的农民，而要靠通过人力资本投资培养的新型职业农民。经营农业的农民需要接受现代文化的教育，接受现代市场经济的熏陶。实现农业现代化，要靠有知识、有创新精神的农民，称职的科研和技术人员，有远见的公共行政管理人员和企业家。

城乡二元结构表现在现代城市和落后农村并存的结构，与农业弱势相一致。无论是基础设施还是教育、文化和医疗设施，广大而又分散的农村都处于落后状态，农民在农村享受不到城市人享受的现代生活方式和文明。克服城乡二元结构的基本路径是城镇化。我国在实践中创造的城镇化道路是指农业劳动力进入城镇。现在讲的城镇化，则是倒过来的，推动城市发展的势头和要素通过化城镇而化到农村，从根本上改变农村的落后面貌。这是城市要素的城镇化。过去的城市化是农民进城，现在的城镇化则要求城市发展要素出城，城市要素、城市生活方式向农村扩展，也就是城乡发展一体化。

城乡发展一体化不是消灭农村，更不是消灭农业，是在保持城与乡的特色的同时在发展水平上实现一体化；不是降低城市的地位去屈就乡村，而是将乡村的地位加以提高，克服城乡之间的经济社会发展水平的差距，消除要素流动的制度性障碍，在城乡之间按照产业本身的自然特性形成产业分工与产业布局。城乡在同等地位上在经济、社会、文化等方面相互渗透、相互融合。城乡发展一体化涉及城乡规划、就业服务、社会保障、公共服务、城市管理“五个一体化”。

城乡发展一体化需要推进城镇城市化，也就是使其具有城市功能。其内涵是增强中小城市和小城镇产业发展、公共服务、吸纳就业、人口集聚功能。

城镇化的核心是人的城镇化，也就是农民市民化，农民享受城市文明。其路径有两个方面：一是加快改革户籍制度，有序推进农业转移人口市民化，努力实现城镇基本公共服务常住人口全覆盖。二是将提供给市民的机会和设施安排到农村城镇去，扩大城镇就业的机会，把高质量的教育、文化医疗设施办到农村城镇，增加农村特别是城镇的公共产品和公共设施的供给。由此解决农民不进入城市就能享受到各种市民的权利。

归结起来，农业现代化重点是在科技进步基础上的农产品品质的现代化，农村现代化重点是城乡一体化基础上的农村生活和居住环境的现代化，农民现代化重点是城镇化基础上的农民市民化。在这个高度上推进“三农”现代化，需要建立以工促农、以城带乡、工农互惠、城乡一体的新型工农、城乡关系。

9. 全球化地位的改变：由以比较优势融入全球化转到以竞争优势主导全球化

我国前30年的对外开放实际上是以资源禀赋的比较优势融入全球化的，其效果是明显的。外商投资企业带来的是高科技产品的全球价值链。全球价值链上外商的资金、技术、管理等优势与我国劳动力、土地成本、基础设施等方面的优势结合，使我国迅速融入全球生产网络，成为面向全球的低成本加工制造基地和“世界工厂”。虽然我国的企业进入的环节基本上处于全球价值链的低端，高产值、低收益，但也确实分享了经济全球化的红利。最大红利是借助全球价值链承接了先进制造业的转移。我国的企业通过边干边学、模仿创新、消化吸收再创新，科技和工业化水平也得到了明显提高。

在我国的开放型经济进行了30多年后的今天谈中国的开放战略，既要肯定以资源禀赋的比较优势嵌入全球价值链的成果，又要防止可能陷入“比较优势陷阱”的低端锁定的风险。依靠资源禀赋的比较优势参与国际分工和国际贸易，以利用劳动力、土地和环境资源的环节吸引和利用外资，虽然能够获取一定的贸易和投资的利益，但不能改变自身对发达国家的经济技术和市场的依附地位，缩短与发达国家的经济技术差距。

基于比较优势的附加值分析。我国的制造业产品总量已居世界首位。但有相当部分产业处于全球价值链的中低端，高科技产品的中国制造部分处于价值链低端，核心技术和关键技术环节不在我国的居多，中国创造部分少，品牌也是用外国的多。低端制造（加工组装）和中高端制造环节的附加值差别很大。这种依靠比较优势嵌入全球价值链的地位与中国经济已经达到的整体地位已不相称。

基于比较优势的资源禀赋分析。已有的资源禀赋比较优势已不具有优势。处于价值链低端的环节获取的附加值本来就很低。近年来出现的新情况是劳动力和土地供给已明显趋紧，成本大幅度上升，环境标准约束也极为严格。这意味着劳动力和资源环境不再具有比较优势。随着劳动和土地价格的上涨，附加值进一步降低。而且在全球价值链的中低端上的规模优势也不具有价值链优势，就是说，在低端环节上投入的劳动再多，也不可能达到规模经济，这就是勤劳不富裕，高产值低收益。

基于制造业产品的国际竞争力分析。虽然我国已经成为世界制造业大国，但在中国制造的产品中，中国创造部分少。劳动力和自然资源的比较优势是建立在低价格的基础上，随着这些要素的充裕度降低，相对劳动力价格，劳动生产率不具有优势；相对土地价格，土地生产力不具有优势。

中国要由世界经济大国向世界经济强国转变，就不能仅仅依靠劳动力和自然资源的比较优势谋求贸易利益，而是要在更大范围、更高层次上发挥资本和技术的作用，尽快缩小与发达国家的技术差距。

基于全球化的态势分析。过去的全球化是由美欧等发达国家主导的，其从全球化中得到的利益更大。自2008年爆发世界金融危机以及接着爆发的欧美主权债务危机以来，欧美国家经济处于长期的衰退和低迷状态，由此导致世界经济增长速度整体放缓。与其经济衰退相伴，以美国为代表推行再工业化和保护主义。尤其是特朗普上台后实施“美国优先”的投资和贸易政策。这些政策的推行实际上是反全球化。与此相反，作为世界第二大经济体的中国扛起了继续推动全球化的大旗。过去中国是以资源禀赋的比较优势被嵌入全球化的，现在中国将以参与全球经济治理的方式推动全球化。参与全球经济治理意味着参与并主导国际经济规则的制定和完善。

由中国在经济全球化中的地位改变所决定，开放战略需要由比较优势转向竞争优势。何为竞争优势？它与比较优势的区别是什么？第一，一百多年来，人们所信奉的比较优势理论，基本上是指导企业如何参与国家分工和贸易的。而在当今经济全球化的条件下，竞争优势理论将比较优势的观念提升到“国家”竞争优势的层面，以国家作为经济单元。竞争优势更多的指向国家层面的开放战略，不排斥企业继续以比较优势参与国际竞争。第二，传统的贸易理论把成本和产品差异看成贸易条件，突出发展中国家的劳动和自然资源的比较优势，竞争优势理论则是“把技术进步和创新列为思考的重点”，着力培育以技术、品牌、质量、服务为核心竞争力的新优势。第三，传统的比较优势理论依据的是一国的资源禀赋，竞争优势理论则是依据“一国产业是否拥有可与世界级竞争对手较劲的竞争优势。”[①]第四，一国产业在全球价值链中的地位是其科技和产业竞争力的集中体现。过去中国的科技基本上处于发达国家之后的跟随发展阶段，因此处于全球价值链的低端环节。现在中国的科技创新已经进入同发达国家并跑和领跑阶段。与此相应，我国企业所处的全球价值链地位也应相应提升，争取在价值链中的主导地位，一方面向研发、设计等产业链上游部分进行拓展；另一方面，向物流、品牌、销售渠道等下游部分延伸；再一方面是低端的加工组装环节递次攀升进入技术和质量要求更高、附加值更高的元器件制造环节。

这样，谋求竞争优势的基本途径是依靠科技和产业创新推动国内产业结构的升级，特别是发展与其他发达国家相同水平的新兴产业，形成能与世界级竞争对手较劲的具有竞争优势的产业结构。这体现了增长的内生性和创新驱动性。表面上看这是由外向拉动转向内生发展，实际上是以科技和产业创新提升我国产业的国际竞争力，以内生的创新支持开放。

谋求竞争优势的创新型经济不排斥利用开放型经济，需要利用开放来支撑创新。当今的国际经济是要素流动为主导

① 波特：《国家竞争优势（上）》，天下远见出版公司，1996年版，第30、第37页。

的经济。尤其是创新要素，不可能都从国内取得，需要通过对外开放从国外获得。由于历史和发展水平的原因，先进的创新资源主要还集聚在发达国家。因此新阶段开放型经济的重点是引进创新要素。过去的发展的重点在增长，基本上是资本推动的，其他如技术和管理等发展要素基本上是跟着资本走的，相应的开放型经济基本上是通过引进外资来利用其他国际资源（国外先进的技术和管理）。现在发展的重点转向创新，各种创新要素是跟着人才走的。相应地，发展创新型经济需要通过引进高端创新人才来利用其他国际创新要素。

综上所述，我国成为世界经济大国后的经济发展理论的创新绝不是说我国要在世界上称霸，而是要把自己的事情做好。既然进入了世界第二大经济体，就不能维持过去的思维定式，需要适应这种转变，进一步解放思想，从世界经济大国的历史起点上思考我国建设世界经济强国的发展走向，寻求推动由经济大国向经济强国发展的战略，以实现中华民族的强国梦。

参考文献

1. 习近平. 习近平总书记系列重要讲话读本. 北京：学习出版社、人民出版社，2016.

2. ［美］迈克尔 P. 托达罗，斯蒂芬 C. 史密斯. 发展经济学. 聂巧平，程晶蓉，汪小雯，等译. 北京：机械工业出版社，2014.

3. 胡鞍钢. 中国走向. 杭州：浙江人民出版社，2000.